D1687171

SUZANNE OSWALD

MEIN ONKEL BERY

1 Albert Schweitzer am Schreibtisch.
Kohlezeichnung von Léon Oswald.

SUZANNE OSWALD

Mein Onkel Bery

Erinnerungen an Albert Schweitzer

Mit 9 Bildtafeln

ROTAPFEL-VERLAG
ZÜRICH UND STUTTGART

Erste Auflage November 1971
Zweite Auflage Juni 1972
Dritte Auflage Herbst 1973

© Copyright 1971 by Rotapfel-Verlag Zürich
Printed in Switzerland
Buchdruckerei Baumann AG, Menziken
Alle Rechte vorbehalten
ISBN 3-85867-035-9

Dem Andenken meiner Mutter.

KAPITELFOLGE

1. Eine Familie, ein Dorf und ein Pfarrhaus
   im Elsaß   7

2. Das Gästebuch   59

3. Briefe hin und her ...   77

4. Beim Grand-Docteur in Lambarene   129

5. Am Abend eines Lebens   171

EINE FAMILIE,
EIN DORF UND EIN PFARRHAUS
IM ELSASS

Meine Mutter war Albert Schweitzers um ein Jahr ältere Schwester. Er hat sie sehr geliebt. Von seinen vier Geschwistern hat sie ihm wohl am nächsten gestanden. Sie hatte Verständnis für ihn, als er als Knabe Ohrfeigen hinnahm und sich in den Keller sperren ließ, weil er nicht anders gekleidet sein wollte als die Buben des Dorfs – und ihr hat er zuerst sich anvertraut, als der innere Zwang, einem Ruf zu folgen, Medizin zu studieren und als Arzt in den Urwald zu gehen, den Dreißigjährigen aus Pfarramt und akademischer Lehrtätigkeit herausriß.

Von dieser Liebe zu meiner Mutter ist – als ich auf die Welt kam – ein Stück für mich abgefallen. Ich war das erste Enkelkind der Großeltern, die Erste einer neuen Generation. Meine Mutter starb, als sie 53 Jahre alt war. Ein tieftrauriger Brief kam mir aus Lambarene. Ihre Geschwister erreichten aber alle ein biblisches Alter. «Sie sind aus Eisen, diese Schweitzers», hieß es in unserm Dorf.

Dieses Dorf war ein Dorf wie viele andere auch, ohne besondere Schöne, nicht hablich wie die Dörfer im Unterelsaß, – ein kleines Dorf zwischen Rebhügeln in einem breiten Vogesental, mit einem Dorfbach, an dem die Frauen wuschen, einem Wirtshaus und vielen Misthaufen.

*

Mein Urgroßvater war Philippe Schweitzer, Lehrer im unterelsässischen Pfaffenhofen. Zu seinen Urenkeln gehört auch Jean Paul Sartre. In seiner Autobiographie «Les Mots» berichtet er, daß Philippe Schweitzer das Lehramt verlassen und in Pfaffenhofen einen Kramladen aufgetan habe, weil er mehr verdienen wollte. Da war nun Sartre nicht wohl berichtet, denn dieser Philippe Schweitzer hat seinen Lehrerberuf aufgegeben, weil er den Amtseid auf Napoleon III., der von jeder Lehrperson gefordert wurde, nicht ablegen wollte. Er war Republikaner durch und durch. Wir schulden es – meine ich – dem Urgroßvater, sein politisches Credo an die Stelle merkantiler Ambitionen zu setzen. – An die kleine, schrumpelige Urgroßmutter mag ich mich dunkel erinnern. Sie war es, die sagte: «Iß den Apfel, Kind, wirf den Stiel in den Holzkorb und den Butzen in den Säukübel.»

Mein Urgroßvater hat ein politisch nicht uninteressantes Tagebuch in kleinster, feinster Schrift hinterlassen, meist französisch, dann plötzlich wieder deutsch geschrieben. Es ist ein vermutlich recht genauer Bericht über die Revolution von 1848 und über den Krieg 1870/71. Als 1852 Louis Napoleon Kaiser der Franzosen geworden und dem Volke zur Abstimmung die Vorlage unterbreitet wurde: «Das französische Volk will die Wiederherstellung des Kaisertums in der Person von Louis Napoleon Bonaparte mit Erbfolge in der direkten, legitimen oder adoptiven Abstammung und gibt ihm das Recht, die Nachfolge auf den Thron in der Familie Bonaparte zu bestimmen» – da schrieb mein Urgroßvater auf seinen Stimmzettel die Worte des Gamaliel (Apostelgeschichte 5, 38/39): «Ist der Rat oder das Werk aus den Menschen, so wird's untergehen; ist's aber aus Gott, so könnet ihr's nicht dämpfen.» Qui vivra, verra!

Und bei jenem Plebiszit vom 8. Mai 1870 «Le peuple approuve les réformes libérales opérées dans la Constitution depuis 1869 par l'Empereur ... et ratifie le Senatus-Consulte du 2 avril 1870» (in dem das französische Volk rund sieben Millionen Ja- und eineinhalb Millionen Neinstimmen abgab), schrieb Philippe Schweitzer: «C'est au nom de l'ordre et de la liberté que réclame le pays que je vote Non.» An die Proklamation Napoleons vom 22. Juli 1870, die mit den Worten schließt: «Un grand peuple qui défend une cause juste est invincible...» hat später der Urgroßvater an den Rand geschrieben und unterstrichen: «Il paraît donc que la cause n'était pas juste, puisque la France a été vaincue!»

Immer wieder bringt das Tagebuch Auszüge aus

den Zeitungskommentaren zum Krieg, aus den «Basler Nachrichten», der «Wiener Presse» – auch eine Rede von Gladstone, dem englischen Premier.

Als dann die Nationalversammlung in Bordeaux die deutschen Friedensbedingungen angenommen hatte, heißt es im Tagebuch traurig: «Den Frieden haben wir, aber Elsaß und Lothringen sind geopfert.» Das Tagebuch bricht ab am 25. März 1871 mit dem Vergleich zwischen jenem 8. Mai 1870, da mit ihren Stimmzetteln mehr als sieben Millionen dem Kaiser zujubelten, und dem Tag, neun Monate später, da die Nationalversammlung ihn und seine Dynastie absetzte: «Wer da steht, der sehe zu, daß er nicht falle ...»

Die Urgroßeltern hatten drei Söhne: Auguste, Charles und Louis. «Von uns Brüdern», hatte einmal (in bemerkenswerter Bescheidenheit!) Charles, der Großvater Sartres, gesagt, «ist Auguste der reiche, Du Louis bist der fromme und ich bin der gescheite ...» Der «Reiche» war früh nach Paris gezogen und hatte durch Im- und Export mit Peru viel Geld verdient. Der «Gescheite» hatte eine These über Hans Sachs geschrieben und war Professor am Lycée Louis le Grand in Paris. Der «Fromme» war der Vater Albert Schweitzers – mein Großvater. (Ich bin es zufrieden, vom Frommen abzustammen.)

Den schönsten und längsten Bart hatte der Gescheite, der Onkel Charles, aber auch Großvaters Bart war silbrig und lang, und es fiel, wenn der Bartschneider ins Haus kam, allerhand ab. Die Matratzen und Kissen meiner Puppenstubenbetten waren mit Großvaters Barthaar prall gefüllt.

*

50 Jahre ist mein Großvater Pfarrer in unserm Dorf gewesen. Er wußte in den materiellen Nöten seiner Gemeindeglieder genau so Bescheid wie in ihren seelischen, sagte jedem Du, denn viele von ihnen hatte er getauft, konfirmiert und getraut. Von seinen beschaulichen Gängen durch Felder und Reben wußte er auch, wie auf des einen Acker die Frucht stand und in des andern Rebstück die Trauben angesetzt hatten.

Großvater schrieb Kalendergeschichten. Ich wollte, ich könnte schreiben wie er. Schlicht, herzerfreuend und voller Humor sind seine Geschichten, die alle im Elsaß spielen, zum Teil in seiner unterelsässischen Heimat, dem Hanauerländchen, zum Teil im oberelsässischen Münstertal. Sie mögen wohl, die eine oder andere, aus seinem Miterleben herausgewachsen sein, diese Geschichten von Rebbauern und Holzschuhmachern, von reichen Roßbauern und kleinen Ochsenbauern, von «Franzosenköpfen» und «Schwabenfreunden», von tüchtigen Frauen, anmutigen Mägdlein und ihrem innigen, heiteren oder auch traurigen Lieben. Kein Zweifel, die Kalendergeschichten des großen geistlichen Kollegen am Oberrhein, den er sehr verehrte, sind dem Pfarrherrn von Günsbach Vorbild gewesen! Viel elsässisches Brauchtum ist in Großvaters Geschichten verwoben, viel Wissen um das Tagewerk der Bauern und Rebleute. Wenn er schreibt: die Reben waren «erbrochen», «gerührt», «geheftet» und zum Teil «geschabt», der Mensch hatte das Seinige getan, nun war es am September, das, was der August «gekocht», noch zu «braten», so wußte er Bescheid über alles, was seine Reben verlangten. Wo aber von einem Dorf die Rede, in dem rechte Zucht und Sitte nicht mehr herrschten, finde ich Großvaters erstaunlich weitblickende Bemerkung «wenn dann und wann einmal eine Frau ‹Maire› (Bürgermeister) wäre, so würde vielleicht in manchen Stücken ein strammeres Regiment geführt werden und gewiß nicht zum Schaden der Gemeinden». – Einige seiner Geschichten «Auf der Stiermatt», «Der Erbonkel», «Die neue Magd», «Der Holzschuhmacher vom Hohrodberg» und «Auf der Trott» sind vor bald 70 Jahren unter dem Titel «Elsässische Dorfgeschichten» in einem Band erschienen – und diesen Band hat mir Großvater noch selbst geschenkt.

Durch Großvaters Tagebuch im Ersten Weltkrieg, das er für den fernen Sohn in Afrika führte, geht wie ein roter Faden das Bemühen, mitten im Kriegsgeschehen, im Gewirr von Gerücht und Gegengerücht das objektiv Wahre herauszufinden und nur das auszusagen. Und wenn er in diesem Tagebuch Zahlen von Verwundeten, Gefangenen und Gefallenen oder von zerschossenen Häusern nennt, dann überprüft er das Geschriebene und fügt allenfalls nach ein paar Tagen den Vermerk ein: «Es stimmt nicht.» So war er, der Großvater, unbestechlich ehrlich und wahr. «Hast du selbst es gesehen?» fragte er, wenn man ihm Schauernachrichten zutrug. Auf ein zögerndes «Nein, das nicht, aber sie sagen es ...» kam unweigerlich: «Dann ist es wohl nicht wahr», und damit war für ihn die Sache erledigt.

*

Dieses Tagebuch beginnt mit einem Brief vom 28. Juli 1914 an den Sohn in Afrika, der nicht mehr abgeschickt werden konnte, und endet Anfang 1919. Tag für Tag, ohne daß auch nur einer ausgelassen wäre, schreibt der Großvater in seiner klaren Schrift – zuerst französisch, dann (aus Vorsicht) deutsch, und wieder französisch – die Chronik von vier Kriegsjahren. Er verzeichnet gewissenhaft alles: das Wetter, das Kriegsgeschehen, jeden Brief, den er erhielt, und jeden, den er schrieb, und füllt acht dicke Hefte. Er erzählt die Schicksale seiner Pfarrkinder, die der Sohn ja alle kennt. Dieser sollte später einmal wissen, was sein Dorf und seine Familie in den Kriegsjahren erlebten. Und wie oft klingt bange Sorge durch die Zeilen um den, der fern und seinem Herzen so nah ...

Am 19. August 1914 haben die Männer von Günsbach die ersten deutschen Gefallenen im Walde geholt, und Großvater hat sie begraben. Jahrelang geht es weiter: das Sterben von Soldaten an der Front, die stellenweise nur drei Kilometer vom Dorf sich hinten im Günsbacher Tal über die Berge zog, von Verwundeten im Lazarett des Dorfes, von Einwohnern, die von einschlagenden Granaten getötet oder verwundet wurden... und der alte Pfarrer hat begraben – begraben – begraben. Oft hielt er sonntags drei Gottesdienste, einen in Günsbach, einen in dem zur Pfarrgemeinde gehörenden, auf der anderen Talseite gelegenen Griesbach – wenn wegen Beschießung der Straße die Griesbacher nicht zur Kirche kommen durften – und oft noch einen Gottesdienst für die Soldaten. Von all diesen Gottesdiensten hat Großvater die Texte aufgeschrieben. Wie waren sie auf die Angst und den Kummer seiner Pfarrkinder abgestimmt! Wenn die Griesbacher nicht kommen durften, so kam ihr Pfarrer zu ihnen. Wie oft hat Großvater das Tal durchquert, während die Granaten über ihn hinweggorgelten, um einem Sterbenden das Abendmahl, einem Schwerkranken Trost zu bringen oder Konfirmandenunterricht zu halten!

Er führte eine lebhafte Korrespondenz mit den Günsbacher Männern, die in Frankreich und Rußland standen – (später waren sie alle an der Ostfront, man traute den Elsässern nicht mehr). Er schrieb den Frauen und Eltern der Soldaten, die er begraben hatte, und es war dies wohl die einzige ausführliche Nachricht, die sie über den Tod des Gatten oder Sohnes erhielten. Dann kam die Zeit, da in die Günsbacher Familien jene Briefe zurückkamen, auf denen es hieß: «Gefallen für das Vaterland.» Viel gab es da zu trösten und mitzutragen am Leid der Zurückgebliebenen... Schweren Herzens hat Großvater die Siebzehnjährigen seiner Gemeinde ziehen lassen, die einrücken mußten und sich von ihrem Pfarrer, der sie getauft und konfirmiert hatte, verabschiedeten. – Das Haus bis unters Dach war voll Einquartierung, «min Gretele» mußte sich wacker anstrengen, um immer noch eine Schlafgelegenheit mehr herzuzaubern, der Stabskoch herrschte in Großmutters Küche. Als die Nüsse geerntet wurden, hoben quer über die Wiese die Soldaten Schützengräben aus.

Jahrelang tobte der Kampf um Bergkuppen, auf denen kein Baum mehr stand, auf denen jeder Fußbreit Boden von Geschossen durchpflügt war; sie wurden im Sturm genommen und wieder verloren, und Tausende starben um sie. Die Heeresberichte, die Großvater genau las, widersprachen sich. Verzweifelt schreibt er: «Ich kann die Wahrheit nicht entdecken, in der Flut der Gerüchte...»

Am 22. November 1914: «Erntedankfest. Die Kirche ist voll wie noch nie. Mein Text: Und vergiß nicht, was Er dir Gutes getan hat.»

Am 18. Dezember läuten die Glocken, die seit dem 14. August schweigen, zur Einnahme von Lodz. Es sind Tage verzeichnet, da die Einwohner ihre Häuser nicht verlassen dürfen, Schrapnelle und Granaten platzen auf den Wiesen. «Wir bleiben ruhig am Tisch sitzen.»

Es gab Sonntage ohne Gottesdienst, «das Dorf lag

unter Beschuß», und es gab Nächte, viele Nächte, die auch der Großvater im Keller verbrachte. «Canonade à réveiller les morts – Batterien in Stellung über dem Dorf, Handgranaten, Gewehrsalven.» «Die Bayern benehmen sich wie in Feindesland, nehmen alles, ohne zu fragen» – die Württemberger und Badenser waren viel beliebter.

Und mitten in allem Grauen und allem Traurigen: «Die Schwalben sind gekommen» – oder: «Wir pflanzen unsere Frühkartoffeln.» – «Die Reben gespritzt» – «Die Leberblümchen blühen» – «Raps gesät». Echt Großvater.

Pfingstsonntag 1915: «Text meiner Predigt: Gott hat uns nicht gegeben den Geist der Furcht, sondern der Kraft und der Liebe und der Zucht.» (Tim. 1,7)

Die Franzosen beherrschten das Kleintal, das in Münster sich vom Großtal trennt, seine Bewohner wurden nach Frankreich geführt. Dann mußten auch die Leute aus dem Großtal fort, das die Deutschen hielten. Ich erinnere mich, mit der Großmutter unter der Gartentür gestanden zu haben, während die Flüchtlinge von Metzeral, Sondernach, von Breitenbach und Mühlbach, ihrem Heimatdorf, vorbeizogen, – die Frauen in der schwarzen Taltracht mit dem anliegenden Häubchen, das unter dem Kinn gebunden wurde, trieben ihr Vieh vor sich her, führten ihre Alten und Kranken, Bettzeug und ein wenig Hausrat auf Eselskarren. Damals hat die Großmutter still vor sich hin geschluchzt. Die ganze Nacht dauerte das traurige Vorbeiziehen.

Immer häufiger heißt es im Tagebuch: «Wir gehen in den Keller.» – «An die 100 Granaten auf das Dorf, auch Brandgranaten...» Jedes Haus und jede Scheune, die brannten, ist verzeichnet.

Am 17. Juni 1915: «Gefangene Alpenjäger sagen, daß Joffre selbst den Kampf im Tal leitet – ich glaube, er hat in Nordfrankreich Wichtigeres zu tun.»

25. Juni 1915: «Wir gehen in den Keller, Granaten platzen ganz nah, es mögen 50 bis 60 gewesen sein.»

15. August 1915: «Warschau gefallen, um 8 Uhr abends soll eine Viertelstunde geläutet werden.»

Weihnachten 1915: «Wir zünden unsern Christbaum um 8 Uhr abends an und denken an alle unsere Lieben, von denen wir getrennt sind, besonders an Albert und Helene. Werden sie nächstes Jahr bei uns sein?»

1. Januar 1916: «Das neue Jahr in Gesundheit begonnen. Wir haben nur einen Wunsch: Herr, gib uns Frieden.»

In einer deutschen Zeitung heißt es (laut Kirchenboten): «In unserer sittlichen Überlegenheit liegt vor allem andern das unsern Gegnern so unbegreifliche Geheimnis unserer Erfolge im Kriege.» «Von dieser sittlichen Überlegenheit» – bemerkt der Großvater – «habe ich in den letzten Monaten nichts gemerkt.»

Am 24. Januar 1916: «Mehr als 80 Granaten pfeifen übers Dorf und krepieren ganz in der Nähe. Die Nußbäume werden beschlagnahmt.»

21. März 1916: «Mein 70. Geburtstag. Heute sind es drei Jahre, daß Albert und Helene von Günsbach abgereist sind.»

21. September 1916: «In Griesbach sind fünfmal zwei Brüder gefallen – außerdem 7 andere – in Günsbach bis heute 10.»

Am 3. Juli starb die Großmutter. «Arme, liebe Frau.»

15. Juli 1916: «Nach dem Abendessen wie jeden Abend Besuch des Grabes und der Gemüsegärten Mamas. Da fühle ich ihre Nähe am besten.»

Christabend 1916: «Meine geschriebene Weihnachtspredigt will mir nicht in den Kopf – ich kann nicht mehr denken.»

Im März 1917 wurden die Glocken beschlagnahmt und heruntergeholt. «Nur das kleinste Glöcklein durften wir behalten.» Dann wurden die Orgelprospektpfeifen weggenommen. Großvater spielte längst im Gottesdienst Harmonium. «Viehaufnahme. Wer Kühe hat, muß 60 Prozent abgeben – macht 60 Stück im Dorf. Die Gemeinde muß heute noch 23 Doppelzentner Kartoffeln abliefern. Empörung und Erbitterung groß.»

5. April 1917: «Amerika erklärt Deutschland den Krieg. Ich höre den ersten Kuckucksruf im Altenbach.»

*

Großvater hat im Krieg französische Alpenjäger und deutsche Soldaten begraben. Heimlich sagten die bayrischen Landwehrmänner, denen die Großmutter den Korb voll Erdbeeren in ihre Stellung mitgab: «Der alte Pfarrer ist ein Franzosenkopf», hatte er sich doch nicht im mindesten gescheut zu erklären, was für ein übler Wortbruch der deutsche Einmarsch in Belgien war. Bei den Franzosen aber hieß es «Le vieux pasteur est un boche», weil es ihm nicht einfiel, die geschlagenen «Feinde» in Bausch und Bogen zu verdammen. Im Schlußgebet seines Gottesdienstes pflegte mein Großvater – das war so vorgeschrieben – «für unser teures deutsches Vaterland und unsern Kaiser, Deinen Knecht» zu beten. (Mir gefiel dabei immer besonders, daß der Kaiser hier einmal Knecht war.) – An jenem ersten Sonntag, nach dem Einmarsch der Franzosen, ließ der Großvater diesen Passus seines Gebetes weg, er betete ganz einfach «für unser Vaterland». Und als ich ihn nachher fragte, warum er nicht für unser neues Vaterland gebetet habe, war seine Antwort: «Unser Herrgott wird wohl wissen, daß wir französisch geworden sind.» Heute würde man sagen, daß der Großvater ein Europäer war. Und wenn später Albert Schweitzer sich «Homme de Günsbach et citoyen du monde» nannte, so war der Vater ihm eigentlich vorausgegangen.

Meines Großvaters Predigt war genau so gütig und heiter wie er selbst. An einem schönen Sommertag sang man unweigerlich «Hallelujah, schöner Morgen...» und wie inbrünstig sang er mit! Von einem unendlich fernen, unfaßbaren, zornigen oder gar rächenden Gott habe ich nie etwas gehört – sein Gott war nahe, er hatte den Tag geschaffen, er wußte von jedem Leid und jeder Freude in der Gemeinde, und wenn Großvater ihm am Schluß die Armen, Kranken und Gefangenen ans Herz legte, so war ich überzeugt, daß dieser Gott sie wirklich väterlich in seine Arme schließen würde. Immer hatte ich das Gefühl – ob mir das nur so vorkam? – daß Großvater in das Wort «Gefangene» eine besondere Fürbitte legte. Sie ist in mich hineingefallen, und es wurde daraus jenes besondere Mitleid für die, denen man, zu Recht oder Unrecht, die Freiheit nimmt.

Als kurz vor seinem Tode einer seiner Amtsbrüder meinen Großvater besuchte, zeigte dieser hinauf zu dem Christusbild über seinem Bett: «Er ist ein Laie gewesen – ich auch. Ich habe das Pfäffische nie leiden mögen.»

Es war Mai, da Großvater starb. Die Rapsfelder zogen sich in goldenen Streifen von den Hügeln hinab ins Tal, und wie große Sträuße standen die blühenden Apfelbäume darin. Schweigen lag über dem Tal. Die Fabrik stand still, das ganze Dorf begleitete seinen Pfarrer zum Kirchhof, auch die Katholischen. «Wird der Himmel jetzt nicht schwarz?» fragte ein Büblein, als die Sterbeglocke klang – hatte doch die Lehrerin den Kindern erzählt, daß der Himmel sich verdunkelte, als Jesus starb. «Ach, wenn doch ich für ihn hätte gehn dürfen», jammerte laut weinend das Kättel, die Hebamme. «Da würdest du lachen», meinten die Nachbarn, «wo unser

Pfarrer hinkommt, kommst du nicht hin!» Verzweifelt kam sie angelaufen, wir mußten sie trösten und ihr versichern, daß auch sie «immer recht» gewesen sei und gewiß einmal dahin komme, wohin der Großvater gegangen war.

Wir waren alle da, der Reiche, der Gescheite, Großvaters Kinder und Enkel – nur der Sohn in Afrika fehlte. In der Nacht nach dem Begräbnis schrieb ich einen langen Brief nach Lambarene. «Also jetzt ist Günsbach der Ort der lieben Gräber» – antwortete mein Onkel – «ich kann mir gar nicht denken, daß einen der liebe Alte nicht mehr auf der Schwelle empfängt und einen als ‹imbécile› traktiert. Wie lieb Dein guter Brief vom 13. Mai. Von Dir allein habe ich lebendige Eindrücke vom Begräbnistag. – Aber Günsbach wird uns doch als Wallfahrtsort bleiben, und auf dem Felsen werden wir noch sitzen. So zäh sind wir, daß wir uns etwas, das zu unserem Leben gehört, nicht nehmen lassen. Aber der letzte Eindruck ist doch der der Dankbarkeit für alles, was uns dieses Pfarrhaus war und was wir von diesen beiden, die nun dort auf dem Friedhof ruhen, empfangen haben.»

*

Meine Großmutter war eine feine, kluge und temperamentvolle, nach außen etwas streng wirkende Frau. Wo Unrecht geschah, setzte sie sich leidenschaftlich ein. Die moralische Sensibilität, die Leid und Schuld spürt, auch da, wo sie verdeckt sind, die hatte der Sohn von ihr. In der Zeit, da der unglückliche Hauptmann Dreyfus in Frankreich zu Unrecht verurteilt wurde und ob dieser «Affaire Dreyfus» die besten Freunde zu Feinden wurden, schrieb die Günsbacher Pfarrfrau einen flammenden Artikel in eine protestantische Zeitschrift, den sie «Femme, fille, soeur et mère de pasteur» unterzeichnete. – Für Politik interessierte sie sich glühend – ihr brachte man die Zeitung, die «Straßburger Post», zuerst, wenn man sie dem Briefträger abgenommen hatte. Sie war für alles Neue, alles Fortschrittliche zu haben, ob es nun ein Waschmittel, ein Speisefett oder eine Erdbeersorte war.

Ich sehe sie vor mir, meine Großmutter, schlank und aufrecht unter dem sommerlichen Schutenhut, wenn wir zusammen auf ihre «Äckerchen» zogen. Noch spüre ich das Rauhe meiner Ärmelschürze aus Kölsch auf der Haut, unter der nur ein Höschen mit zackiger Stickerei an das dünne Leibchen geknöpft war. Sie schritt – ich trabte neben ihr her, das Leiterwägelchen mit den zwei großen vollen Gießkannen ziehend, auf denen ein Holzwollebausch das Überschwabbeln verhütete. Am Wegrand lagen die rosigen Porzellankelche der kleinen Ackerwinde. «Wie zierlich» – sagte die Großmutter – «wie für einen Sommerhut.» Eine Spur herb ist der Duft der kleinen Winden, – Herbe alles dessen, was an den Wegrändern wächst, – denn Ränder sind hart. In den kleinen Winden an den Wegrändern habe ich immer wieder meine Kindheit aufgelesen. – Die Großmutter knipste die Schößlinge der Tomaten ab – sie war die erste im Dorf, die Tomaten zog und Spargeln pflanzte – und vom Einsammeln rochen die Kinderhände den ganzen Tag, stark, nach Sommer.

Sie stammte aus dem hinteren Münstertal, dem Großtal, meine Großmutter, wo ihr Vater Pfarrer in Mühlbach war. Er muß ein origineller Mann gewesen sein, dieser Pfarrer Schillinger, mehr gefürchtet als geliebt, mit seiner Passion für die Orgel und seinem träfen Urteil. Lange nach seinem Tode lebten die Anekdoten über den alten Schillinger noch im Tal weiter. Mit seinem katholischen Amtsbruder stand er – was für jene Zeit vor 1870 selten war – auf bestem Fuße. Der schickte denn auch seine Leute ins Pfarrhaus, um zum Schmuck des Fronleichnamsaltars im Freien des Pfarrers silberne Leuchter zu holen. Als die Abgesandten einmal ein großes Lutherbild mitnehmen wollten, weil sie wohl fanden, daß dieser Heilige dem Altar besonders gut anstehen würde, riet ihnen der alte Schillinger freundlich ab. – Ich hatte das Kaffeeservice mit goldenem Rand und mit Blümchen bemalt, das nur hervorgeholt werden durfte, wenn ein Brautpaar bei ihm im Pfarrhaus erschien, um die Hochzeit anzuzeigen.

Nach den Bergen hinten im Tal hat die Großmutter immer Heimweh gehabt, obwohl es von Günsbach bis an den Fuß des Vogesenkamms knapp 10 Kilometer waren. Manchmal stieg sie auf den

Dachboden, und einmal habe ich sie dort gesehen, am Fenster, das ins hintere Tal sah – in ihren Augen war eine Sehnsucht, die mich tief erschreckt hat.

Aus dem Mühlbacher Pfarrhaus hat mein Großvater, des alten Schillinger junger Vikarius, die Tochter entführt. Ihren ersten Sohn nannte die Großmutter nach ihrem geliebten, einzigen Bruder: Albert. Dieser Albert Schillinger war Pfarrer an der Kirche St. Nicolai in Straßburg, an der später auch Albert Schweitzer gepredigt hat. Als 1870 der Krieg ausbricht, macht er, auf die Bitte der Rotkreuzvereinigung in Straßburg, sich auf den Weg nach Paris, um dort die dringendst benötigten Medikamente, Chloroform, Jod, Chinin, zu holen. Er geht in Paris von Amt zu Amt, er bittet, er drängt verzweifelt – und es gelingt ihm nur, einen kleinen Teil dessen zu erhalten, was in großer Not erwartet wird. Als er zurückkommt, liegt die deutsche Armee vor der belagerten Stadt, er ist gefangen. Er bringt es fertig, zu General Werder vorzudringen, der die Stadt bombardieren läßt; die Medikamente kommen tatsächlich in die Festung, Schillinger selbst aber erst mit der siegreichen Armee in eine zerschossene Stadt – blutenden Herzens. Er sieht, wie sehr seine Gemeinde ihn in den Tagen der Not gebraucht hätte. Jetzt packt er an, wo er kann, seine Predigten sind ergreifend, er scheut keine Mühe, schont nicht sein armes strapaziertes Herz – bis es stille steht. Als Albert Schillinger stirbt, ist er 32 Jahre alt. Seine Devise war: ein Pfarrer, der jeden Sonntag die äußerste

Hingabe predigt, darf nicht zurückweichen, wenn diese Hingabe von ihm selbst verlangt wird. Drei Jahre später wurde Albert Schweitzer geboren – er nahm den Wahlspruch auf.

Meine Großmutter ist mit diesem einzigen Bruder sehr verbunden gewesen. Albert Schillingers Predigten wurden gedruckt und sind, wie seine Biographie, die Rodolphe Reuß schrieb, längst vergriffen. Fast hundert Jahre sind ja darüber gegangen.

Großmutter liebte Blumen und Vögel, ihre Rosen und ihr Heliotrop, ihre Hyazinthen und ihren in großen Büschen flammenden Phlox, ihre Nelken und die graziösen Mombretien. Die Amseln aber bereiteten ihr jedes Jahr Verdruß. Hatte sie ihnen doch im Winter den weihnächtlichen Schinkenknochen in den Mirabellenbaum gehängt, sie mit Nüssen und Sonnenblumenkernen verwöhnt – und jedes Jahr im ersten Frühling sang die erste Amsel nicht in unserm, sondern im Nachbargarten bei der Karlin!

In einer besonderen Weise lebte Großmutter Adèle mit dem Jahr. Ich sehe sie am Nähtisch an ihrem Fenster sitzen – die ersten Flocken fielen. Wir Kinder jubelten und hätten am liebsten schon unsere niederen Höcklerschlitten hervorgeholt, die uns der Dorfschreiner genau wie den andern Dorfkindern gemacht hatte. Im Ofenloch, hinter dem Messingtürchen, dufteten Bratäpfel. Die Großmutter aber sah in die Flocken, unverwandt, und ihr Gesicht war so traurig, als wollten diese leisen, weißen Flocken alles Schöne und Gute begraben – und begruben doch nur den Herbst.

*

Meine Großeltern hatten zwei Söhne und drei Töchter. Onkel Bery war der älteste der Söhne, der jüngste war Paul, des Vaters Liebling und für uns der lustigste und charmanteste Onkel. Außer der Erstgeborenen, Louise, meiner feinen, lieblichen und gütigen Mutter, gab es noch Adèle und dann Marguerite, die ledig blieb, bis ins Alter die begehrte und geliebte Familientante, prächtiges Exemplar jener Gattung, die überall einspringt, für alle da ist und die heute leider fast ausgestorben. Sie hat während der Kriegsjahre und darüber hinaus bis zu seinem Tod mit dem Großvater gelebt – «min Gretele» nannte er sie.

Von allen seinen Geschwistern war wohl Adèle ihrem Bruder am ähnlichsten, nicht nur in der äußeren, sondern auch in der inneren Struktur. Sie hatte Format, diese kluge, energische Frau, frank und frei in ihrer Rede wie in ihrem Tun, die einem Leben, das sie hart anpackte, ihre Seelenkraft und innere Haltung entgegengestemmt hat. Aus allen Prüfungen ging ihre starke Persönlichkeit ungebrochen hervor. Wir Kinder hatten einen großen Respekt vor Tante Delly, die mitunter streng sein konnte – und doch hat ein jedes von uns erfahren, was für eine große mütterliche Liebe diese Frau erfüllte, eine Liebe, die für jeden da war, der sie brauchte. Sie hat drei Kinder aus der ersten Ehe ihres Mannes, eines Pfarrers in der Straßburger Gegend, und drei eigene Söhne erzogen, und ist so jung geblieben in ihrem Herzen, daß sie in der Familie die Vertraute dreier Generationen wurde. Durch ihr ganzes Leben leuchtete ihre glückliche Kindheit, diese Kindheit, von der auch die Ferienhefte erzählen, die Großvater bei Ferienbeginn auf den Tisch legte, und in die jedes der fünf Kinder reihum über Ausflüge und Ferienfreuden zu berichten hatte. «Von den Kameraden im Dorf» – so erzählte Tante Delly, «durften wir soviele heimbringen, als wir wollten.» «Wieviel seid ihr?» rief um die Vesperzeit die Mutter in den Hof hinunter. Dann schnitt sie vom mächtigen Brotlaib breite Scheiben, bespritzte sie mit Wasser und streute Zucker darauf. Das war Engelsbrot. – Engelsbrot hat es auch für uns Enkel noch gegeben, wenn wir mit den Dorfkindern unter der Linde im Hof spielten. War später je etwas so gut?

Tante Adèle wurde Lehrerin und hat in Straßburg in der Gasse mit dem hübschen Namen «Regenbogengasse» mit ihren Brüdern zusammengelebt und ihnen bis zu Albert Schweitzers Berufung als Direktor des «Thomasstiftes für junge Theologen» und ihrer Verheiratung mit Pfarrer A. Woytt ein köstliches Heim geschaffen. Als kleines Mädchen war ich dort einmal zu Gast und fand den lustigen Ton bei Tisch und die Neckereien, die hin- und herflogen, herrlich.

Später haben Tante Delly und ihr Mann, der erste Quästor des Lambarenewerkes, unendlich viel für dieses Werk getan. Mit 87 Jahren hat dann Adèle Woytt sich den langgehegten, großen Wunsch erfüllt: sie flog von Zürich zum Bruder nach Lambarene. Noch sehe ich sie mit dem weißen Piquéhütchen, mit dem sie für die Tropen sich «ausgerüstet» hatte, und das so überaus vergnügt auf ihrem grauen Chignon thronte, über den Flugplatz marschieren. (Tante Delly ging nicht, sie marschierte!) – Beglückt kam sie von dieser Reise zurück, sie hatte das gesehen und erlebt, wofür sie und die Ihren sich von allem Anfang an eingesetzt hatten.

Für alles Schöne in ihrem schweren Leben war diese Frau in einer seltenen Weise dankbar – und bis in ihr hohes Alter hat sie eine Landschaft, eine interessante Begegnung, ein Buch, einen Festtag und ein gutes Essen, ein Konzert und ein Theaterstück restlos genossen. Ihre Briefe sind von derlei Freuden die köstlichsten Zeugen. Als die letzte von Albert Schweitzers Geschwistern ist sie im Mai 1969, vier Jahre nach ihm gestorben.

*

Nun muß ich vom Pfarrhaus erzählen. Das Günsbacher Pfarrhaus, ein großes, schönes Haus, war von einem begüterten Sohn des Dorfes der Gemeinde vermacht worden, mit ein paar Rebstücken, mit Wiesen und Äckern, Nußbäumen und Zwetschgenbäumen. Im großen Flur mit den Steinfliesen, in den man durch die Haustüre hereintrat, stand auf einer Marmortafel der Name des Erblassers und sein Vermächtnis.

Das Haus war von einer Glycine umsponnen. Eng umschlungen wanden ihre zwei armdicken Stämme sich zum ersten Stock empor, wo sie nach rechts und links sich teilten, um in einer einzigen blühenden Umarmung das alte Haus einzuschließen. Es gab helle Stuben in diesem Haus, mit weißen Porzellanöfchen auf schlanken Pfoten und mit blitzenden Messinggürteln um den Bauch. Durch das Hoftor kam man in einen gepflasterten Hof, wo unter der Linde der Röhrenbrunnen ruhig und unablässig in den bemoosten Steintrog floß. Unter Albert Schweitzers Fenster im Erdgeschoß hatte Sultan, der schwarze Neufundländer, sein Haus. Der hochtrabende Name paßte eigentlich zu Sultan nicht: vermutlich nicht sehr intelligent, war er der rührendste Hund, den man sich denken konnte. In seinen Augen lag eine Ergebenheit, zum Steinerweichen! Ungerührt fraß er an einem Ostertag im Wald das Biskuitlämmchen, das wir Kinder suchten – wer hätte ihm gram sein können? Mein Onkel ging in Günsbach nie ohne Sultan aus – nur wenige Wochen nach seiner Ausreise nach Afrika ist Sultan gestorben und wurde unter den Tannen im Garten begraben.

Stand man vor des Pfarrhauses Haustür, so sah man durch den weiten Flur geradenwegs zur hintern Tür hinaus in einen alten Pfarrgarten mit buchseingefaßten Beeten und Maréchal Niel-Rosenstöcken, mit einem spyreenumwucherten Springbrunnen und Mirabellenbäumen, unter denen am frühen Augustmorgen ein goldener Teppich lag, mit Fliederbüschen und einer vornehmen, einsamen Yucca im altmodischen Rasenrund. Auf der breiten Gartentreppe standen in Kübeln wohl ein Dutzend Oleanderbäume, die rot und weiß und rosenrot blühten, Großvaters ganzer Stolz. Während der Ferien, die wir als Kinder im Pfarrhaus verbrachten, war es unsere Pflicht, jedem Oleander täglich eine große Gießkanne voll Wasser zuzuschleppen. «Daß mir das Volk das nicht vergißt!» (In solchen Fällen sprach der Großvater hochdeutsch!) Eine andere Pflicht war, Holz zu beigen, wenn die Männer mit Säge und Axt das Holz gespalten, das dem Pfarrherrn von der Gemeinde zustand. Dann schaute mein Onkel von seinem Schreibtisch am Fenster wohl auf, kritisch die Beige betrachtend, und erklärte: «Ihr könnt nichts.»

Vom Erdgeschoß mit Großvaters geheiligtem Reservat, der Studierstube, stieg eine breite glänzende Eichentreppe in den ersten Stock. Dort lagen die große Wohnstube und das kleine Frühstückszimmer mit dem Buffet, in dessen gewölbtem Bauch die Dosen mit den Mandeln und Weinbeeren standen, die Großmutter zum sonntäglichen Gugelhopf brauchte. Im Krieg fuhr eine Granate durchs Dach und platzte auf dem runden Tisch, der zum Frühstück für die Herren des einquartierten Regimentsstabs gedeckt war. Die Möbel waren zerschlagen, die Türfüllungen herausgejagt, die Bilder zerfetzt und zersplittert, und die alte Neuenburger Pendüle war mit Granatsplittern nur so bespickt und lief doch weiter! So hängt sie heute noch in Albert Schweitzers verwaistem Haus.

Das Günsbacher Pfarrhaus hatte einen «Salon». Er war zwar meistens verdunkelt wie alle Salons; durch die Läden schlüpften die Sonnenstrahlen und legten in leuchtenden Bahnen sich auf die karminroten Damastmöbel. Nur für hohen Besuch wurde der Salon geöffnet, und wir Kinder fühlten uns eigentlich nur einmal im Jahr darin wohl, dann, wenn er Weihnachtsstube wurde. Dann lagen unter der bis zur Decke reichenden Weißtanne, die Großvater mit dem Förster im Wald selbst ausgesucht hatte, die von Großmutter genähten Säckchen mit den gedörrten Birnen- und Apfelschnitzen und für die Erwachsenen unter Tannenzweigen versteckt die hübsch verpackten Flaschen mit dem köstlichen Öl aus eigenen Nüssen. – An den Wänden hingen Bilder von Urahnen aus Großmutters Sippe, mit langen Hängelocken und zum Teil recht großzügigen Decolletés. Die Schönste hielt eine Rose vor den rosigen Busen. Auf dem Kamin aber stand die Büste von Großmutters Tante Fabian. Auch sie hatte Ringellocken, die aus ihrem Chignon graziös in den Nakken fielen. Als im Krieg das nahe Städtchen Münster geräumt wurde, Günsbach das letzte bewohnte Dorf hinter der Front war, als oben am Schratzmännele und am Lingekopf immer erbitterter gekämpft wurde, sind die schönen alten Möbel, Bilder, Geschirr und Wäsche auf Leiterwagen geladen und fortgeführt worden. Großvater und seine Tochter begnügten sich mit ihren Betten und mit Gartensesseln. Auch die Tante Fabian machte sich auf den Fluchtweg. Da man in Colmar auspackte, fehlte ihr der Chignon, der Chignon aus Gips, der mit seinen Locken auf einem Holzdübel aufgesteckt war! Er war unauffindbar – aber man hatte andere Sorgen! Viel, viel später wurde er aus einem vergessenen Topf Kriegsmarmelade von roten Rüben gefischt, der wohl damals mit der Tante im gleichen Waschkorb auf dem Leiterwagen gereist war. Jetzt aber war er rötlich in Marmelade gefärbt – und so blieb er.

Im Sommer stellte die Großmutter die Schalen mit Walderdbeeren in die Kühle hinter den Salonläden – und so stark dufteten sie, daß man schon hinaufschnupperte, wenn man zum Hoftor hereintrat. Wir kamen an jedem Sonntag mit den Eltern zu diesem Hoftor herein, unter dem der Großvater im Käppchen aus schwarzem Seidenreps stand und uns mit strahlenden Augen erwartete.

Oben im Dachboden gab es eine kleine hellblau tapezierte Kammer. Das «blaue Kämmerle» gehörte mir. Meinem Bett gegenüber hing ein alter Stich, er hatte in Großmutters Mädchenzimmer gehangen – «Le départ des hirondelles» – und die Frau, die da auf einem Söller den abziehenden Schwalben nachsah, war so schön und melancholisch, daß man hätte weinen mögen. Ich weinte nicht, ich schlief herrlich.

2 Die Familie Schweitzer im Garten des Günsbacher Pfarrhauses. Zwischen Vater und Mutter Louise, die Älteste, auf der Treppe Adèle und Marguerite, mit ihren Fahrrädern die Söhne: Albert, der Student, (links) und Paul (rechts). Zur Familie gehört auch Turc, der Hund.

3 Louis Schweitzer, der über 50 Jahre Pfarrer im oberelsässischen Dorf Günsbach war. Der Vater Albert Schweitzers.

– Es roch gut im Dachboden, denn da stand der mächtige Holztrog mit den Nüssen, auf Strohschütte lagen Äpfel und Quitten unter dem Dach, manchmal auch Zwetschgen, denn Großmutter war der Meinung, daß Zwetschgen am allerbesten schmecken, wenn am Baum ein Reif darüber ging und sie dann am Stiel schrumpelig werden wie die Hände einer alten Frau. – In einer Ecke roch es nach alten Büchern, und man durfte mit Großmutters Erlaubnis «fischen».

Mein blaues Kämmerle erhielt den ersten Sonnenstrahl, der ins Dorf kam – und nachts schien der Mond hinein. Einmal im Krieg, nach einer unruhigen Nacht, da im Dunkel ein Kommen und Gehen war, Befehle ertönten und dann die Stille wieder alles zudeckte, steckte ich in der Morgendämmerung den Kopf aus dem Fenster, sah hinab auf die Straße, die seltsam hügelig war. Und da erkannte ich: graue Uniformen, Männer, die schliefen, Kopf an Kopf, einfach hingesunken, wie gemäht, überwältigt von Müde und Schlaf. Als es tagte, blitzten scharfe Kommandos – die Landwehrmänner brachen auf – es mag wohl eine Kompagnie gewesen sein, Ablösung für die Schützengräben am Schratzmännele und am Lingekopf.

Dort oben, wo sie hinzogen, lag Glasborn, die Melkerhütte, Ziel des jeweiligen Familienausflugs am 15. August, Mariae Himmelfahrt, wo man Würstchen sott und der Senn dazu die «Melkerherdäpfel» briet. Glücklich lag die Großmutter in den Bergstiefmütterchen und ließ sich den Kammwind um die Nase wehen. Dort oben, wo jetzt Schützengräben und Bunker die Landschaft verwundeten, lag auch das Auerhahnwäsle, über das der Heimweg führte. Noch erinnerte der Großvater sich wohl, da Auerhähne belauscht zu haben. Hoch stand das Heidekraut und verbarg von Jahr zu Jahr immer mehr jeden Pfad. Alle Jahre verirrte man sich, und wenn die Großmutter darob ärgerlich wurde, nahm der Onkel lachend die Mutter auf die Arme und trug sie durch die Wildnis.

In Großvaters Keller gab es viele Weinfässer, große und kleine. Mit Kreide hatte er Jahrgang und Herkunft angeschrieben. An einem mittleren Faß stand «Taglöhner». Das war der Wein für den alten Alexis, der an jedem Arbeitstag seinen Liter erhielt und am Ende der Woche die Rechnung über seine Arbeitsstunden, verziert mit einem Bibelzitat, zu präsentieren pflegte. «Du sollst dem Ochsen, der da drischt, das Maul nicht verbinden», hieß es einmal – da sind dem Großvater vor Lachen die Tränen in den Bart gesprungen. – Als ich gelernt hatte, wie man an einem Faß den Spund aufdreht und wieder gut verschließt, durfte ich den Tischwein holen. Früher war das Onkel Berys Amt gewesen, aber der hatte einmal auf der hohen steinernen Kellertreppe den Weinkrug zerschmettert. «Der sacré imbécile holt mir keinen Wein mehr», hatte der Großvater bestimmt – und der Onkel erreicht, was er vermutlich wollte.

Das verschwiegene Örtchen aber in diesem Haus
– so weit ging Großmutters Blumenliebe – war mit
den farbigen Blättern holländischer Blumenkataloge
tapeziert.

*

Es hat in unserer Kindheit nie ein Gespräch darüber gegeben, wohin man in den Sommerferien gehe. Das war so selbstverständlich und problemlos – wo in aller Welt hätte man Sommerferien verbringen mögen, wenn nicht im alten Pfarrhaus? Dort nahm man uns hinein in das dörfliche Leben, und in ihm lebten wir in Freiheit. Wir halfen heuen auf den Talwiesen und fuhren hoch auf dem schwankenden Heuwagen ins Dorf ein, unter den Kirschbäumen hindurch, deren Zweige mit den hängengebliebenen sonnengedörrten Kirschen uns übers Gesicht strichen. Wir trieben uns in den Ställen herum, zogen mit den Dorfkindern in die Walderdbeeren oder lagen irgendwo im hohen Gras und sahen den Sommerwolken nach. Man ließ uns träumen – kann man Kindern Köstlicheres schenken?

Es waren die ruhige, friedvolle Landschaft und die harmonische Atmosphäre des Großelternhauses, die sich in mir zu jenem Glücksgefühl verbanden, zu jener Daseinslust, in der man alles hätte umfangen mögen und alles liebte: die Menschen und die Tiere, die Blumen und den Himmel. Den Himmel vor allem. Die Heimat war die Welt, und diese Welt war in Ordnung.

Wenn um die Mittagszeit die Großmutter die große Glocke läutete, die vor der Küchentüre hing, hatten wir da zu sein. Auf dem ovalen Eßtisch stand die Suppe. Der Großvater hatte das Tischgebet gesprochen, die Serviette entfaltet, das Brot geschnitten und kostete behutsam und genießerisch die Fleischbrühe mit dem gerösteten Brot darauf. Ab und zu war sein Blick zum leeren Platz am Tisch gegangen. Nun war er mit der Suppe fertig, und ich wußte, was kommen würde. «Geh und sag deinem Onkel, daß Mittagessenszeit ist.» Ich ging, nein, ich schlich die Treppe hinunter, stand zögernd vor des Onkels Tür, klopfte. Keine Antwort. Ich klopfte noch einmal – Stille. Leise drückte ich dann die Klinke hinunter, öffnete einen Spalt breit die Tür und steckte den Kopf hindurch. «Parrain, du sollst...» Klatsch, flog ein Buch an die Tür, die ich rasch zuzog. Das war immer so. – «Kann denn der sacré imbécile nicht pünktlich zu Tisch kommen?» murmelte der Großvater in seinen Bart, als dann der Onkel erschien. Aber der «sacré imbécile» hörte es nicht, mit vollkommen abwesendem Gesicht saß er vor dem Berg Makkaroni, über den die Sauce aus frischen Tomaten floß. Was für eine Zumutung, einen Menschen mitten aus seinem Denken zum Mittagessen zu holen!

Die Ungeheuerlichkeit des Vorgehens habe ich erst viel später begriffen.

*

«Aff» – dieser Kosename stammte vom Großvater – «komm mit auf den Kanzrain.» Das war etwas vom Schönsten, was mein Onkel mir sagen konnte. Wir gingen hinter der Kirche hinauf durch die Rebenpfade und stiegen durch Mauerpfeffer und Thymian auf den Felsen, der überm Dorf aus Hagrosen und Schlehdorn herausspringt. Dort saß dann das kleine Mädchen mäuschenstill neben dem Mann, der dachte und schrieb. Er arbeitete damals an der «Geschichte der Leben-Jesu-Forschung» – wenn die Notizblätter voll waren, kritzelte er auf seine gesteiften Manschetten. Aus dem Tal, durch das der Fluß sich schlängelt, stieg Heuduft zu uns herauf. Weit geht von hier der Blick: taleinwärts zum Vogesenkamm, talauswärts zu den Hügeln, die weich in die Rheinebene fließen. «Gelt, das ist schön» – konnte plötzlich mein Onkel sagen – «wie gut, daß wir hier daheim sind.» Auf dem Felsen hat er das Kind gelehrt, die ganze Schönheit des heimatlichen Tals zu erfassen.

Manches ist auf dem Kanzrain geredet worden, immer wieder saßen wir da oben – er und das Kind, das heranwachsende Mädchen, die Frau. – «Sieh, mit der Welterkenntnis des Verstandes kannst du das Leben nicht fassen. Wir wissen nicht warum und wissen nicht wohin. Nur das Erfülltsein von dem Wissen um das Sein, um alles Sein und um unsere Verantwortung diesem Sein gegenüber, kann uns zu einer wirklichen Lebensbejahung helfen.»

Einmal – so erinnere ich mich – haben wir da

oben über die Dankbarkeit geredet. Er hat die wunderbare Gabe eines dankbaren Herzens, und immer wieder hat er uns Kindern ans Herz gelegt, die Dankbarkeit, die wir fühlen, natürlich und unmittelbar auch auszudrücken, «weil es damit mehr Kraft zum Guten gibt auf der Welt». Oft, wenn ich ihn etwa vorwurfsvoll fragte, warum er so viel von seiner kostbaren Zeit an den und jenen nicht besonders interessanten Menschen wende, statt seine Kräfte zu schonen und sich die zum Schreiben nötige Stille zu verschaffen, ist mir die schlichte Antwort geworden: «Ich schulde ihm Dank.»

Jahrzehnte später, nach dem Zweiten Weltkrieg, war es das Problem des Friedens, das ihn nicht losließ und über das er immer wieder dort oben redete. Er hat 1953 den Nobelpreis des Friedens bekommen, und seine Rede bei dessen Empfang in Oslo ging um den Frieden, der aus der Humanitätsgesinnung kommt, einem Begriff, den schon die Denker des späten Stoizismus geprägt, und in dem sie mit der Idee der Liebe übereinstimmten, wie sie bei den jüdischen Propheten, bei Jesus und Paulus auftritt. Nur durch die Humanitätsgesinnung können wir den Weg zum Frieden finden – und darum muß sie Gut aller Völker werden.

Wenn wir vom Kanzrain herabstiegen, gingen wir oft noch zu den Maulbeerbäumen. Es gab deren drei im Dorf. Niemand pflückte die Beeren, die einem schwarz und glänzend wie große Brombeeren reif in die Hand fielen. Mein Onkel aber liebte sie. Der süße, dunkle Saft lief uns an den Fingern herab – verschmiert und zufrieden kamen wir heim.

Heute sitzt Albert Schweitzer in rotem Sandstein auf seinem Felsen, schaut herab auf sein Haus und auf jeden, der vor seiner Türe steht. Im Juni 1969 wurde das Denkmal eingeweiht, ein Werk des Münchner Bildhauers Fritz Behn, Schüler Rodins, der oft bei Schweitzer und Emmy Martin im Günsbacher Haus zu Gast war. Ein anderer Platz als der Kanzrain kam gar nicht in Frage. Das ganze Dorf hockte auf den Rebenmäuerchen. Der Préfet du Haut-Rhin hielt die schönste der vielen Reden; als Sohn einer protestantischen Familie in Bordeaux, bei der die ausreisenden und heimkehrenden Missionare gastlich aufgenommen wurden, hat er schon als Kind Albert Schweitzer gekannt.

*

Ganz besonders gern ging ich mit meinem Onkel durchs Dorf. Er redete mit jedem, mit diesem über die Reblaus und mit jenem über das Gras, das die Günsbacher seiner Ansicht nach viel zu spät schnitten, dürr in den Stengeln und saftlos werden ließen. Er redete über das Wetter, über Getreidesorten und neue Düngmittel, über die Klauenseuche und den Kartoffelkäfer, über die Regierung, bevorstehende Wahlen und die Politik. Wenn ich so zuhörte, dann wollte mir scheinen, es hätten jene nicht Unrecht, die im Dorf behaupteten, Pfarrers Albert hätte ebenso gut Landwirtschaftsminister oder Finanzmann werden können.

Oben im Dorf wohnte der Schneider-Schorsch, rothaarig und voller Sommersprossen, mit lustigen und listigen knallblauen Augen – mich erinnerten sie an Waschbläue. Ab und zu läutete er an der Haustür im Pfarrhaus, hob verschmitzt den Deckel von seinem schwarzen Korb mit den gekreuzten Henkeln, wo zwischen frischen Nesseln prächtige, rotgepunktete Forellen lagen oder schwerfällig und bedächtig Bachkrebse spazierten. Die Forellen hatte er mit der Hand gefangen, das war wohl nicht in Ordnung, – vielleicht war beim Schorsch manches nicht ganz in Ordnung – aber warum hätte man gerade das sehen sollen? Im Sommer duftete es nach Walderdbeeren aus seinem Korb oder nach Pfifferlingen, im Mai nach den ersten Morcheln. – Er wußte seltsame Geschichten, aber die herrlichsten erzählte der Nitschelm-Schorsch, der einst mit Onkel Bery auf der Schulbank saß. «Du glaubst es nicht, Albert, aber...» fingen sie an. Wir Kinder hörten mit offenem Mund zu und schmunzelnd mein Onkel, wenn es um die Wildsau ging, die jede Nacht Schorschs Trauben an den Rebstöcken fraß, und der man darum eins aufbrummen mußte. Da aber war sie so böse und angriffig geworden, daß der Schorsch in seiner Not auf einen Baum klettern und – weil die Sau sich darunter legte und nicht wich – wohl oder übel die Nacht darauf verbringen mußte. Schorschs Geschichten wurden so plastisch und spannend erzählt, daß mein Onkel sie mit dem größten Vergnügen immer wieder herausforderte.

Oft sind wir zusammen ins Giebelstübchen der Kättel geklettert. Sie mochten sich gern, Onkel Bery und die alte Frau mit den strahlendsten Blauaugen, die ich je gesehen, mit den rosigen Bäckchen und dem Wärzlein am Kinn, auf dem sich vergnügt die weißen Härchen ringelten. Das krause Silberhaar hatte sie in die festgedrehte schneeweiße Bretzel gezwängt, die so ordentlich an ihrem Hinterkopf klebte. Sie gehörte in Onkel Berys Kindheit wie in die meine. Denn wenn die Großeltern einmal verreisten, dann erschien die Kättel im Pfarrhaus, nahm Haus und Garten, Kinder und Magd in ihre Obhut. Und nicht anders war es später, wenn meine Eltern in Ferien reisten: die Kättel erschien mit einer wurstförmigen leinenen Reisetasche, aus der es nach Birnenschnitzen duftete, auf dem Kopf ein schwarzes Hütchen, dessen Gummiband um die Bretzel lief, und das doch tanzte. Es geschah dies alle Jahr um die Zeit, da in unserm altmodischen Stadtgarten unter den Mirabellenbäumen das pure Gold verschüttet lag, da die großen Eierpflaumen süßer dufteten als der Phlox, in den sie plumpsten, und die reifen Reineclauden voller Wespen hingen. «Obst dürft ihr essen, so viel ihr wollt», erklärte die Kättel, «Obst ist gesund und schadet nie...» Wenn aber entgegen dieser apodiktischen Behauptung bedenkliche Folgen unseres Tuns sich bemerkbar machten, erschien ohne weitere Erläuterung die dicke, gebrannte

Mehlsuppe auf dem Tisch, in der ein Löffel fast stand, und beherrschte das Feld so lange, bis wir in Ordnung und zu neuen Mirabellen-, Pflaumen- und Reineclaudenerlebnissen bereit waren. – Es ist Onkel Bery und seinen Geschwistern nicht besser ergangen als später mir und den meinen: Kättels lachende Augen konnten stahlblau werden und geradezu Funken sprühen, wenn sie zornig wurde, einen kurzerhand übers Knie nahm und mit fester Hand und ohne Erbarmen die für nötig erachtete Dosis Prügel verabreichte. Es geschah nicht oft, es gab nur wenige Gebiete, auf denen die Kättel keinen Spaß verstand – und wir liebten sie.

In Kättels Giebelstübchen setzte Onkel Bery sich auf das harte alte Ledersofa... «Erzähl, Kättel!» Je nach der Jahreszeit stellte Kättel Frühbirnen, Trauben oder Nüsse vor ihn hin. «Wie wohl ist mir's hier...» konnte Onkel Bery sagen – und die Kättel erzählte von seiner Kindheit oder von der ihren, da sie in der Spinnerei gearbeitet, den ganzen Tag hatte Spulen einsammeln und Spulen austragen müssen und am Abend so müde war, daß der Vater sie auf den Schultern eine Stunde durch den dunkeln Wald in das einsame Elternhaus trug, das ganz hinten im Tälchen auf einer Lichtung im Waldgrund lag. – Als junges, lebenslustiges Ding hatte die Kättel ein Kind gehabt, das bald starb, und von da an war sie mit den Mannsbildern fertig, ein für allemal, blieb ledig und wurde die Dorfnäherin, nähte Brautkleider und Totenhemden für alle. Und wo es etwas

Schwieriges gab, da holte man sie, wo Mütter in Schmerzen lagen, Kranke stöhnten, da stand sie am Bett: «Still jetzt, da wird nicht gejammert, da wird jetzt ausgehalten...» – «Still jetzt», damit fuhr sie überall dazwischen, wo ihrem einfachen Herzen, ihrem gesunden Verstand etwas unwichtig vorkam.

«Die Kättel», sagte einmal Onkel Bery auf dem Heimweg, «ist wirklich fromm. Ihre Frömmigkeit ist Ehrfurcht.» In dieser Ehrfurcht ist sie später dem Krieg begegnet: Was da geschah, das mußte erlitten sein, da gab es nichts zu reden. Und wenn Gott es zuließ, all das Leid des Krieges, so war das wohl seine Sache – ihr, der Kättel, fiel es gewiß nicht ein, ihm deshalb mit auflüpfischen Gedanken und Reden zu kommen.

Als sie im Krieg im hohen Alter krank wurde, da fuhr auf einem Leiterwagen, zwischen Flüchtlingshabe gebettet, eines Tages die Kättel bei uns in Colmar vor. Das schwarze Hütchen war auch dabei. Jahrelang, bis zum Ende des Krieges, blieb sie bei uns, wartete auf den Frieden und wurde immer stiller. Wenn man abends an ihrem Bette saß, und sie gar so sehr Heimweh hatte nach dem Dorf, dann mußte man ihr Lieder aus dem alten Gesangbuch vorlesen, und das, worin es hieß: «... die Rosen und die Tulipan, die schauen sich viel schöner an als Salomonis Seide», war ihr das liebste. Es war gut, mit ihr zu reden, alles wurde klar, was man auf ihrer Bettdecke ausbreitete – vom Unwesentlichen schied sich das Wesentliche.

Die Kanonen verstummten, da fuhr die Kättel heim ins Dorf. Sie hat Onkel Berys Heimkehr noch erlebt – einer seiner ersten Besuche galt ihr. Dann, an einem Märzmorgen, als das Dorf erwachte, fand es sich, daß in der Nacht die Kättel still und heimlich aus der Welt gegangen war.

*

Wichtige Person im Dorf war Krischtian, der Weibel. Vor dem Pfarrhaus stellte er sich unter den Gartenzaun, sah trommelnd am Haus hinauf, bis flugs die Pfarrfrau das Fenster auftat, und legte dann mit seinen Neuigkeiten los. Später, als Albert Schweitzer sein Haus im Schönenbach gebaut hatte, stellte Krischtian sich unter den Nußbaum und schmetterte seine Neuigkeiten gegen das Fenster, hinter dem des Onkels Schreibtisch stand. Im Ersten Weltkrieg brachte Krischtian es zu einer gewissen Berühmtheit. Noch sehe ich meinen Onkel Tränen lachen, als er von Krischtians «Ruhmestaten» erfuhr. Da hatte er einmal, zu seinem nicht geringen Ärger, eine Verfügung des Ortskommandanten über die sofortige Abfuhr der Misthaufen verkünden müssen, zu einer Zeit, da kein Mensch Mist auf den Acker fuhr. Kurz darauf trifft der Ortskommandant ihn bei seinen Kühen am Brunnen. «Sind Sie der Viehzüchter?» fragt er freundlich – und der Krischtian: «Nein, Herr Ortskommandant, sonst hätte ich mein Vieh so gezogen, daß es seinen Mist selber auf den Acker setzt.» – Später, als «der Feind» mit Gasgranaten zu schießen begann, sah der Ortskommandant, der damalige, sich veranlaßt, die Bevölkerung zu warnen. Nun trommelte der Krischtian, daß das Kalbsfell schier platzte, und was er verkündete, lautete so: «Wenn ein Gasgeruch kommt, wird es durch ein Hornsignal geblasen, und dann sollen die Leute auf die Sonnenburg rennen.» Ob ihm der Auftrag mündlich nur geworden, oder ob er Schriftliches auf seine Art weitergab, hat man nie erfahren. Keiner hat sich die Mühe genommen, es zu ergründen. Ein «Gasgeruch» ist nie ins Dorf gekommen – hinten im Tal aber, laut Großvaters Tagebuch, wurde mit Gasgranaten angegriffen.

Die Sonnenburg war ein Hügel überm Dorf, auf dessen Kuppe alle Jahr am 24. Juni das Johannisfeuer brannte. Tags zuvor waren die Schulkinder durchs Dorf gezogen, vor jeder Tür ihr Verslein leiernd: «... gebt uns doch ein Steuerchen fürs Johannisfeuerchen...» und hatten Holzburden auf ihrem Leiterwagen gesammelt. Das war noch so vor dem Zweiten Weltkrieg. Danach brannten keine Johannisfeuer mehr. Die deutschen Sonnwendfeuer und alles, was damit zusammenhing, hatten den Elsässern den Geschmack am alten Johannisfeuer verdorben.

Von der Sonnenburg zogen sich die Reben herab bis ins Dorf. Und da lag auch auf halber Höhe ein Rebstück, das zum Pfarrgut gehörte. Wie oft haben wir auf seinem Mäuerchen gesessen! In diesem Rebstück stand ein Pfirsichbaum mit gelben Rebenpfirsichen, die im späten Herbst erst reif wurden, und zwischen den Rebstöcken hatte die Großmutter Erdbeeren gepflanzt. Im Frühling aber war der Boden blau von Rebenhyazinthen – Muskari – und jedes Jahr stieg der Großvater hinauf, um die ersten zu pflücken. «Nach was riechen sie?» fragte er und hielt der Großmutter daheim das blaue Büschel unter die Nase. «Nach reifen Pflaumen, auf die die Sonne scheint», antwortete die Großmutter. Das sagte sie jedes Jahr. So ist es, so riechen die blauen Muskari: nach reifen Pflaumen, auf die die Sonne scheint.

*

Das Schönste in meinem Schatz von Erinnerungen sind die Abende, da mein Onkel in unserm Kirchlein Orgel spielte. Manchmal durfte ich Register ziehen – es setzte aber ziemlich viel Püffe dabei ab. Die alte Orgel, auf der er als Neunjähriger den Vater Iltis, den Organisten, vertrat, ist nicht mehr. Sie ist nach Schweitzers Angaben umgebaut worden, und er war sehr stolz auf den neuen Klang. Manchmal spielte er auch in der Kirche von Münster für ein paar Freunde. Sie liegen weit zurück, diese Abende – und sind doch unvergessen. Im Lichtkreis sitzt nur der Mann an der Orgel – liegen die kräftigen breiten Hände, die die Tasten beherrschen wie das Skalpell, wie die Axt. Er spielte Bach – die große G-moll-Phantasie und Fuge brandeten durch die leere, dunkle Kirche. Dann spielte er César Frank oder Mendelssohn, und die Kompositionen seines Lehrers und Freundes Charles-Marie Widor. – Ich mochte vierzehn gewesen sein. In der Schule bekamen wir einen Hausaufsatz, freies Thema: «Ein Erlebnis.» Ich schrieb über einen Orgelabend in einer dunklen Kirche. Der Aufsatz erhielt die beste Note und eine besondere Belobigung der Lehrerin. Ich war sehr stolz. Großvater wollte ihn sehen – ungern zeigte ich ihn. Er las still und gab mir das Heft zurück: «Kind, Kind, wie lehrt man euch lügen...!» Tränen der Wut habe ich damals geheult – seither aber wie oft an dich gedacht, Großvater... der du so unbestechlich und wahr gewesen bist. Immer, wenn ich ins Romantische, ins nicht mehr ganz Wahre, ins Flunkern abgleiten möchte, denke ich an dich.

*

Noch habe ich von unserer Kirche nicht erzählt. Ihr Zwiebelturm hat einem spitzen weichen müssen, spitz wie alle spitzen Türme. Wir finden sie schön, weil wir sie lieben, – aber im Grunde ist sie es wohl nicht. Das ging mir zum erstenmal auf, als mir mein Onkel den Schlüssel gab und mir befahl, einem deutschen Verleger unsere Kirche zu zeigen, weil sie in seinen Jugenderinnerungen eine Rolle spielt. Ich merkte wohl, daß unser Gast sie nicht schön fand, er war sichtlich enttäuscht und suchte dies höflich zu verbergen. Mir aber wurde bewußt, daß wir allem, was wir lieben, eine eigene Schönheit verleihen, eine Schönheit, die nur für uns wahrnehmbar ist.

Unsere Kirche liegt auf einem Hügel, eine breite Steintreppe steigt zu ihr hinauf und mündet in den Weg, der zur Kirchentür führt. Als meine Mutter am Arm des Urgroßvaters Philippe Schweitzer zu ihrer Trauung in die Kirche schritt, da blieb er unter der Kirchtür stehen: «Dreh dich um, Kind, und schau dir deinen Hochzeitszug an.» Und in Erinnerung daran habe auch ich mich am Arm meines Vaters unter dieser Kirchtür umgedreht.

Unsere Kirche war paritätisch und ist es noch. Es war Ludwig XIV., der seinerzeit, um die Protestanten im Elsaß zu demütigen, bestimmte, daß in jedem Dorf, in dem mindestens sieben katholische Familien wohnten, die Kirche beiden Konfessionen gehören sollte. Weißgetüncht und nüchtern ist das protestantische Schiff, im katholischen Chor aber, hinter dem vergoldeten Holzgitter, stehen die Heiligen, steht die Jungfrau im blauen Mantel über Lilienstäußen mit goldenen Blättern und den Blumen der Dorfgärten und lächelt auf ihr Kind. Wenn ich immer wieder entzückt durch das Gitter geschielt habe, statt aufmerksam meines Großvaters Predigt zu lauschen, so fühlte ich mich nie sehr schuldig, wußte ich doch, daß auch der Knabe Albert es nicht hatte lassen können, mit seinen Gedanken immer wieder in die heitere Pracht des Chores hineinzuschlüpfen und sich darin fromm und wohl zu fühlen.

4   Onkel Bery besteigt seinen Kanzrain, den Felsen, von dem man über das Dorf und weit ins Tal blickt und den er, vor seiner ersten Ausreise nach Afrika, auf Lebenszeit von der Gemeinde gepachtet hat.

5 Albert Schweitzer auf einer seiner Fahrten nach Afrika. Er reiste immer mit dem Schiff, es gab ihm Tage der ungestörten Ruhe zu geistiger Arbeit. Ein Flugzeug hat er nie bestiegen.

Als ich ein Kind war – damals als ich mit dem frisch gestärkten Pfingstsonntagskleid an der ebenso frisch lackierten Kirchenbank kleben blieb und trotz der mahnenden Blicke meiner Großmutter zum Gebet nicht aufstehen konnte – gab man mir ein «Vergißmeinnicht» in die Hand, damit ich auch «singen» könne. Später, als ich lesen konnte, schenkte der Großvater mir ein Gesangbuch. Es war das neue Straßburger Gesangbuch für die evangelischen Gemeinden Elsaß-Lothringens. «Schade, das Schönste steht nicht mehr drin», sagte mein Onkel Paul, den wir Kinder besonders lieb hatten, «das stand im alten Gesangbuch.» Was war dieses Schönste? Es war das Lied, in dem es hieß:

> Herr, nimm mich armen Hund am Ohr,
> wirf mir den Gnadenknochen vor,
> und stoß mich Sündenlümmel
> in Deinen Gnadenhimmel.

In unserer Kirche blieb die breite hintere Kirchentüre da, wo die dicken Glockenseile herabhingen, während des Gottesdienstes im Sommer offen. Dann legte die Sonne eine breite Bahn ins Schiff, man hörte die Schwalben kreischen und die Hühner im heißen Sand scharren und gackern, und man sah hinaus in die friedliche sonntägliche Welt unseres Dorfes.

Als Letzte, wenn man schon bei der dritten Strophe des Eingangsliedes war, erschien an jedem Sonntag die Marie, die doch grad neben der Kirche wohnte. Sie war verdächtig umfangreich, es duftete warm nach Stall, wenn sie an unserer Bank vorbeikam; böse oder auch nicht böse Zungen behaupteten, sie streife einfach den schwarzwollenen Sonntagsrock über die Stallkleider, wenn es zur Kirche läute. Der Großvater aber sagte, daß die Marie schon recht sei, und daß es nicht auf den Rock ankomme, in dem man zur Kirche gehe – noch auf den Duft.

*

Als etwas vom Schönsten und Feierlichsten steht mir der nächtliche Kirchgang und der Jahrabendgottesdienst in der Erinnerung. Wenn es dazu Zeit wurde, vollzog sich alles genau so wie im vergangenen Jahr und im vorvergangenen ... mich dünkt heute, es seien alle Jahrabende bis in die Einzelheiten gleich gewesen. Die Großmutter hängte sich die schwarze, pelzgefütterte Mantille um und half dem Großvater, die schwere Pelerine über dem Talar zuzuhaken, so, daß das gestärkte Bäffchen nicht allzu zerdrückt wurde. Die Hausgenossen erschienen in winterlicher Vermummung. Dann nahm die Großmutter meine Hand in den warmen Bereich ihres Pelzes hinein, und das Züglein setzte sich in Bewegung. Voran stapfte Sälmel, die alte Magd mit der Laterne, deren Licht über den harten Schnee geisterte. Es ist mir heute, als hätten in der Silvesternacht über unserm Dorf immer die Sterne gefunkelt, gute, vertraute Sterne, die aus den Tannenwäldern stiegen und über das Tal wandelten.

Auf dem Weg durchs Dorf da und dort dunkle Gestalten und schaukelnde Lichter, manchmal ging auch eine Stalltür auf; vielleicht war drinnen eine Kuh krank oder sollte in dieser letzten Nacht des Jahres ein Kälbchen geboren werden. Mit dem Lichtschimmer aus der Stalltür kam guter, warmer Stallgeruch.

Dann fingen die Kirchenglocken zu läuten an. Klangen sie schön, klangen sie voll, wie könnte ich es sagen? Ich weiß nur: wenn ich heute wünschen dürfte, wär's wohl auch das «kindisch Wünschlein», dessen der Verstand sich schämte: «Möchte wissen, wie die Glocke, die mich in den Schlaf gewöhnte, damals ganz zuerst am Anfang, möchte wissen, wie sie tönte!» –

Droben stand das Kirchlein und sah, zum einzigen Mal im Jahr, mit erhellten Fenstern in die Nacht hinaus. Nicht Lichtfülle war es, die aus den Fenstern brach, nur ein warmer, trauter Schein. Unter der Kirchentür nahm der Großvater das Barett vom weißen Haar, die Orgel hub zu tönen an, und nun konnte man sehen: der warme Schein hatte drei Quellen.

Da war die Petroleumlampe, die behäbige, bauchige, mit dem runden Schirm, die an hohem, gebogenem Schaft baumelte. Sie wuchs aus einer Kirchenbank mitten im Raum, wo der alte Sakristan seinen Platz hatte, und konnte nach allen Seiten gedreht werden. Die gichtigen Hände hielten die Stange umfaßt, und würdevoller noch als am Karfreitag, wenn er die silbernen Kannen zum Abendmahl im Pfarrhaus abholte, war sein Gesicht. Denn heute war er der Spender des Lichts, und an ihm allein lag es, ob einer der Gnade der Petroleumampel teilhaftig wurde.

Das Licht wanderte. Zuerst ging es alle Jahr zur Frau Pfarrer. (Ob dies aus Ehrerbietung geschah, oder ob der Lichtbringer an die zwei Flaschen dachte, die er mitsamt dem Birnenweggen morgen zu Neujahr heimnehmen würde, möge dahingestellt und die Lauterkeit seiner Gesinnung unangezweifelt bleiben!) – Wenn sich aber der alte Schneider über seine auf die äußerste Nasenspitze herabgerutschte Brille hinweg überzeugt hatte, daß in der Pfarrbank niemand ins Gesangbuch sah – (wie hätte man auch nicht auswendig singen können, was alle Jahr an diesem Abend, soweit man sich zurück erinnern konnte, gesungen wurde!) – dann wanderte das Licht weiter zur Bank, in der die Männer des Kirchenrates saßen. Und wenn auch diese Ehrwürdigen das gedruckte Wort verschmähten und «bis hierher hat uns Gott gebracht durch seine große Güte...» aus dem Herzen oder vor lauter Ehrwürdigkeit überhaupt nicht sangen, dann wanderte der helle Kreis über die Bänke der Kinder zu denen der Frauen und unter ihnen ein wenig dahin und ein wenig dorthin, wo etwa der alte Sakristan, der allein lebte, empfangenes Gutes zu vergelten hatte.

Die zweite Lichtquelle war das Lämpchen, oben auf der Kanzel, wo der Großvater stand, die dritte ein anderes, das beim Schulmeister auf der Orgelempore hing.

Jetzt lag das katholische Chor mit seiner Herrlichkeit im tiefen Dunkel, und nichts hinderte mich, ganz fest auf das aufzupassen, was die gütigste Stimme dort oben redete. Damals sprach der Großvater nicht vom Krieg und seiner Not, von Angst und Grauen, aus denen heraus die Menschen Gott rufen – das kam erst Jahre später. In der Zeit, von der ich rede, war Frieden, wenn auch nicht unter den einzelnen Menschen, so doch in der großen Familie der Völker. Darum sprach der Großvater vom vergangenen Jahr, wie es in Blüte und Frucht, in Sonne und Regen, in Hagel und Dürre glückbringend oder schwer über die Äcker des Dorfes und damit über seine Menschen gegangen war. Er sprach zu denen, die im Laufe des Jahres ein Liebes auf den Gottesacker getragen hatten, von jenen, denen im Sommer Haus und Stall abgebrannt waren, oder die durch die Seuche die einzige Kuh im Stall verloren. Und er sagte, daß wir alle im Dorf, auch sie, dennoch für so viel erfahrenes Gutes zu danken hätten.

Auf dem Heimweg sah man in den dunklen Häusern die Fenster wieder hell werden. Daheim zog die Großmutter die Mantille aus und ging geradeswegs in die Küche, wo sie in der großen Kupferpfanne, in der sonst nur die Konfitüren gekocht wurden, mit Rotwein, Zimt, Zitrone und viel Zucker den köstlichen Glühwein braute. Es gab Schnitzweggen, den alle Jahr die Kättel brachte, und wenn Onkel Bery da war, so sagte er: «Der Schnitzweggen ist so gut wie ihr Herz.» Um elf Uhr ergriff der Großvater die Kerze und ging in sein Studierzimmer hinab. Im Dorf waren die Lichter ausgegangen, es schlief hinüber. Und als das neue Jahr über die Berge kam, da fand es wachend wohl nur noch den alten Pfarrer, der seine Neujahrspredigt memorierte.

Einmal sind die Günsbacher Glocken zu Onkel Bery nach Lambarene gewandert. Zu seinem 73. Geburtstag, am 14. Januar 1948, hat das Schweizer Radio ihm den Glockengruß der Heimat geschickt, und dann durften ein paar Günsbacher im vertrauten Münstertäler Dialekt ihn grüßen.

«Bonschour Herr Albert! Ja, ich bens, dr Herr Maire vo Genschbach. Des hatt ich mr oi net traime losse, dass ich Eich emol par Radio zum Geburtsdai, so wit ewers Mär, Gleck wensch. Drei-e sevezig Johr sen Er jetzt alt. Des zählt. Die Genschbacher und die Grischbacher danga het an Eich und wensche-nich alles güata, agfange mit der Xundheit. Awer ebes soll ich Eich doch üsrechta: Se sin alli a bessela bees uf Eich, dass Er so lang net heimkomme. Galda mer nix meh? Er ghere doch o uns, net nur dene Schwarze, geje dea ich awer domet nix well gsait ha...

Ich, dr Koch Fritz, komm Eich saja, dass es ganze Derfla stolz uf Eich isch. Ich frei mich jetzt scho, wann ich mit Eich a Gang durch unseri Raawe un uf der Kanzerain mache derf. Hoffentlich esch des bol.

Ich, dr Neef, dr Pompierchef, sa Eich frank, wea trürig des fer uns esch, dass in Eirem Dorf Kender, an die 10 Johr alt, herumloife un Eich nea gsehn han ...

Ich, dr Arnold, Eier Nochber, mächte, dass er wisse, dass ich in schlimme Zitte güat ewer Eier Hüs gewacht ha, as war's mis.

Un ich, liawer Herr Schweitzer, dr Lehrer Ortlieb, geb Eich ze bedanga, dass net nur meer, awer o die Kerich un d'Origel uf Eich waarde. D'Genschbacher Glocke, wo ner under de Palme gheert han, solle Eich s'raachte Heimweh ins Harz geletta ha.»

∗

Es kam ein Tag – es war der Karfreitag 1913 – der schwer und dunkel über dem Pfarrhaus lag! Onkel Berys Ausreise nach Afrika. Die Großmutter war früh auf und ging mit starrem Blick umher. Sie war stumm. «Mutter», rief der Sohn, als er an jenem Morgen mit seiner Frau zum Frühstück kam, «gibt es heute keinen Gugelhopf? Ich hoffte, zum Abschied ...» Die Großmutter saß wie eine Statue am Tisch, jetzt kniff sie die Lippen zusammen und ging aus dem Zimmer. Bitter war das für den Sohn. Aber er wußte, was er ihr antat.

Und dann standen wir am Günsbacher Bahnhöfchen. Der Zug kam hinter dem Schloßwald hervorgeglitten und kroch langsam in die Station, so langsam, als wolle er uns noch Zeit lassen für etwas Liebes, etwas Tröstendes, etwas Gutes.

Sie stiegen ein, Schweitzer und seine Frau, in den hintersten Wagen. Und dann stand er auf der Plattform des Wagens und sah noch einmal alles: Die Berge hinten im Tal, den Günsbacher Kirchturm, die, die er liebte, die winkten und immer kleiner wurden. Er winkte nicht. Er umfing, was da zurückblieb, wie in einer Umarmung mit seinem Blick – dann trug ihn das Züglein fort in das große Abenteuer seines Lebens.

Auf dem Heimweg sprach niemand. Etwas, das weh tat, saß uns in der Kehle. Es rutschte tiefer und blieb im Herzen liegen.

Bevor mein Onkel nach Afrika zog, ist er zum Herrn Maire gegangen und hat jenen Felsen überm Dorf, seinen Kanzrain, auf Lebenszeit gepachtet. Er wollte ein Stück eigenen Boden in der Heimat haben.

Die Großmutter hat noch manchen Tag nicht geredet. Da wurde im Familienrat beschlossen, daß ich den Sommer über bei den Großeltern leben sollte. Jeden Morgen fuhr ich nun mit dem Zug zur Stadt in die Schule, und wenn ich am späten Nachmittag zurückkam, stand oft die Großmutter am Bahnhof, mein Vesperbrot in einem Körblein am Arm, und wir gingen zusammen durch die Wiesen, oder in den Schloßwald oder auf den Hasenbuckel, den sie so sehr liebte. Dort saßen wir dann im Heidekraut am Rand des Kiefernwaldes und sahen weit hinein ins

Tal, das ihre Heimat war. Es war der schönste Sommer meiner Jugend.

Viele Jahre später, als wir im Pfarrhaus nicht mehr daheim waren und sich Albert Schweitzer mit dem Goethepreis der Stadt Frankfurt unter den Nußbäumen im Schönenbach ein bescheidenes eigenes Haus gebaut hatte, sind wir jedes Jahr einmal im Sommer im Gedenken an die Großmutter zum Picknick auf den Hasenbuckel gezogen. Das war Tradition – und Tradition war etwas unbedingt Verpflichtendes.

*

Als wir Kinder waren, haben wir die Ehrfurcht vor dem Leben gelernt, lange bevor Schweitzer für das Grundprinzip seiner Ethik die Formel fand, die ihm auf einer Fahrt den Ogowe aufwärts – als der kleine Dampfer sich durch eine Nilpferdherde seinen Weg bahnte, – plötzlich vor der Seele stand. Er lehrte uns die Schnecke vom Weg nehmen und sie ins Gras setzen, damit sie nicht zertreten werde, – den Wurm vom harten Asphalt der Straße, auf dem er verdurstet und verdorrt wäre, auf weiche Erde tragen. Es schmerzte ihn, wenn man Blumen pflückte, – wir taten es nicht, aber es fiel mir schwer. «Mußte das sein?» fragte er traurig, als er mich am frühen Morgen seines Hochzeitstages im Waschhaus fand, die vielen Blumen, die die Dorfkinder gebracht, zu Sträußen ordnend. – Noch heute kann ich im Provencehäuschen den schwarzen Skorpion nicht töten, der unterm Bett hervorkriecht, und wenn ich die schwarz-roten Käfer zertrete, die ihre Eier unter die Blätter der weißen Lilien legen, damit ihre ekelhafte Brut sie fresse, so tue ich es mit schlechtem Gewissen. Veneratio vitae – Ehrfurcht vor allem Kreatürlichen, du hast sie uns gelehrt!

Wir haben sie auch in anderer Form erlebt. Wir sahen dich plötzlich an einem Karren schieben, der für den armen, mageren Esel zu schwer war. Wir sahen dich – der du einen Gast am Bahnhof abgeholt hattest, – hinter der Theres einhergehen, die den für ihren Kramladen schwer bepackten Kinderwagen vom Bahnhof heimschob. Da, wo das Sträßchen, das die Talsohle durchschneidet, zum Dorf anzusteigen beginnt, fielst du ihr allemal gebieterisch in den Arm, du schobst, und dein Gast schob wohl oder übel mit. Das war alles selbstverständlich und ist uns nicht anders erschienen. In den bescheidenen Gesten zeigt sich, daß das spontan Gütige immer das Natürliche ist.

Wenn ich aber an dieser Ehrfurcht vor dem Leben herumdeutete und sie in all ihren Konsequenzen zu verwirklichen mir einfach unmöglich schien, dann wurde auf dem Kanzrain mir die Antwort: «Nein, natürlich kannst du nicht leben, ohne die Ehrfurcht vor dem Leben immer wieder zu verletzen – aber bleibe dir dessen nur immer bewußt, spüre die ungeheure Verantwortung, die sich auf uns legt, wenn wir das Entsetzliche tun müssen: Gewalt üben.»

DAS GÄSTEBUCH

Es ist 80 Jahre alt, unser Gästebuch, von mittlerem Format, eher dicklich, nicht zerschlissen, nein, nur seine Ecken sind leicht abgestoßen und der Rücken des dunkelgrünen Leinenbands etwas abgewetzt, als hätten viele Hände, weiche und rauhe, im Laufe der Jahrzehnte darüber gestrichen. Es wurde sorgfältig von der Großmutter gehütet – wir Kinder bekamen es nicht ohne weiteres in die Hand – und erschien aus der Tiefe einer Schublade, wenn der Gast vernehmen ließ, daß er nun leider bald ans Abreisen oder Weiterwandern denken müsse. Die Gastzimmer im Pfarrhaus standen selten leer – die Buchführung über alle ihre Bewohner enthält das Gästebuch. «Fremdenbuch» steht in Golddruck auf seinem Einband, umrankt von zierlichstem Ornament – «Freundebuch» ist es geworden. Als Älteste unter den Enkeln habe ich es geerbt.

Auf der ersten Seite steht eine gedruckte Widmung: «Gastfrei zu sein, vergesset nicht, denn durch dasselbige haben Etliche ohne ihr Wissen Engel beherberget. (Hebr. 13,2)» – «Bei andern ist der Teufel eingezogen», hatte der Onkel Charles aus Paris darunter geschrieben. Die Großmutter – in solchen Dingen verstand sie keinen Spaß – hatte versucht, den «abscheulichen» Nachsatz auszuradieren, er ist aber heute noch zu sehen.

In jeder Familie ist das Gästebuch ein Stück ihrer eigenen Geschichte. Das Günsbacher Gästebuch stellt darüber hinaus ein nicht uninteressantes Dokument deutsch-französischer Beziehungen dar, wie sie trotz politischer Spannungen in jenen Jahren vor dem Ersten Weltkrieg auf elsässischem Boden in einem glücklichen Maße möglich waren.

Für Albert Schweitzer ergab die protestantische Theologie die starke Bindung an Deutschland, der eine mindestens ebenso starke kulturelle Bindung an Frankreich gegenüberstand. Kein politisches Geschehen hat daran etwas zu ändern vermocht. Bewußt hat er es sich zur Aufgabe gemacht, in seinem Leben zu dieser zwiefachen Bindung zu stehen und für die Verständigung zwischen deutschem und französischem Wesen zu arbeiten. Andere, weniger starke, haben an den oft tragischen Problemen des elsässischen Grenzlandes gelitten und auch Schaden daran genommen. Er aber stand darüber und verband in seiner Persönlichkeit das Verschiedenartige und Auseinanderstrebende zu einer imponierenden Synthese.

Im Gästebuch steht aus der frühen Zeit ein Geschwisterpaar aus Tübingen, Freunde der Großmutter und ihres Bruders Albert Schillinger, mit denen sie einst den handgeschriebenen Don Carlos mit verteilten Rollen gelesen haben. – Paul Rohrbach, ein national-liberaler politischer Schriftsteller, der dem Kreise des demokratischeren Friedrich Naumann nahestand – (Naumanns Zeitschrift «Hilfe» wurde auch im Elsaß gelesen), überlegt sich, was wohl im Pfarrhaus zu Günsbach besser sei, «der Wein oder die Menschen?», und denkt, er müsse «zum Probieren und Studieren wiederkommen».

Auf einer andern Seite hat sich die ganze Familie Curtius eingetragen, angefangen mit Friedrich Curtius, dem damaligen Kreisdirektor im Oberelsaß und späteren Präsidenten der lutherischen Kirche im Elsaß, mit seiner Gattin, einer Gräfin von Erlach aus der Schweiz. Von ihren beiden Töchtern trug die älteste den Namen Olympia, in Erinnerung an ihren berühmten Großvater, den Hellenisten Ernst Curtius, der die Ausgrabungen in Olympia geleitet hatte. Ernst Robert Curtius, der spätere Schriftsteller, studierte damals noch in Straßburg und ist manchmal ins Pfarrhaus gekommen. Er und seine Straßburger Freunde lasen die «Nouvelle Revue Française». Die ersten Arbeiten des jungen Romanisten galten der französischen Literatur. «Was Dichtung sein kann, lernt man an der Antike, an Spanien, England, Deutschland besser. Aber was Literatur ist, lernt man nur an Frankreich», – sagt er. Im Vorwort zu seinen «Kritischen Essays zur europäischen Literatur» erörtert er diese «notwendige Ergänzung», die Frankreich für einen im Elsaß geborenen und aufgewachsenen Deutschen, wie er, bedeutete, und auch die gleichzeitige Spannung, die man nirgends stärker fühlte als im Elsaß, eine Spannung, in der man Europa fordernder als in Berlin oder München erfuhr. Die Dichtung seiner elsässischen Generationsgenossen, Ernst Stadler und René Schickelé, gibt davon Kunde. Als einen großen Vorzug, ja als ein Glück empfindet er es, Zeitgenosse und Interpret von Gide, Claudel, Péguy, Proust und Valéry zu sein.

Auch Theobald Ziegler steht im Gästebuch, der an der Straßburger Universität Ethik und Religionsphilosophie lehrte und aus dem berühmten Tübinger Stift hervorgegangen war. Wenn Schweitzer in Deutschland mit ihm, andern Philosophen und großen Theologen seiner Zeit befreundet war, so standen ihm in Frankreich Geister wie Romain Rolland und Henri Lichtenberger, der feinsinnige Kenner deutscher Literatur an der Sorbonne, ebenso nahe – und erst recht die Musiker.

Schon 1907 erscheint im Gästebuch der Name Werner Pichts. Nachdem er über ein halbes Jahrhundert mit meinem Onkel eng verbunden war, hat er mit seinem Buch «Albert Schweitzer, Wesen und Bedeutung» wohl etwas vom Besten und Ehrlichsten publiziert, was über Schweitzer geschrieben wurde. Als Student stand Werner Picht vor der Günsbacher Haustür. Seltsam, ich verstand «Petersen», als ich öffnete und er sich vorstellte, und als «Herr Petersen» – wogegen der schüchterne Jüngling sich nicht wehrte, – führte ich ihn ein in den Familienkreis. Als Onkel Bery am nächsten Tage von einer Reise zurückkehrte, war er sehr erstaunt zu hören, daß ein Freund dieses Namens ihn habe besuchen wollen. Der falsche Name ist Picht bei uns und im Gästebuch geblieben. In Straßburg saß Picht dem Prediger von St. Nicolai zu Füßen oder an der Seite des Schreibtisches, auf dem das Buch über Bach entstand; auf der alten Orgel der Thomaskirche durfte er die Register ziehen. Er hat den «Exodus in den Urwald» miterlebt und ihn «von der ersten Stunde an als ein Selbstverständliches» begriffen; Jahrzehnt um Jahrzehnt hat er die Laufbahn verfolgt, deren Bilanz zu ziehen er sich in seinem Buche auferlegt hat. Außer einem Artikel in einer deutschen Monatsschrift für Religion und Kultur hat Werner Picht bis zu seinem 70. Jahr keine Zeile über Schweitzer veröffentlicht, dann erst schrieb er sein Buch – er hatte ihn *erlebt*. Das spürt man auf jeder der 200 Seiten, auf denen er das Wesen Schweitzers zu ergründen versucht, «das Wesen, das schlicht, aber keineswegs einfach war».

Mai 1907: Notenzeilen, elegant geschwungen wie Brückenbögen, – ein Thema aus Widors «Symphonie antique». Schweitzers Orgelmeister und Freund, Charles-Marie Widor, der berühmte Organist von St. Sulpice in Paris, war ins Pfarrhaus gekommen, um mit ihm die große amerikanische Ausgabe der Orgelwerke Bachs von Schirmer in New York zu bearbeiten und sie mit Angaben über die Interpretation zu versehen. Widor küßte zur Begrüßung jeden Morgen beim Frühstück meiner Großmutter die

Hand. Wir Kinder staunten, wir hatten das nie gesehen. Wenn man ihm bei Tisch etwas anbot oder sich sonst etwa behilflich zeigte, hieß es mit unnachahmlicher Eleganz und leicht angedeuteter Verbeugung gegen die Hausfrau: «Je suis honteux et confus, Madame...» Mich dünkte das seltsam und imponierte mir zugleich – ich beschloß, mir die distinguierte Wendung zu eigen zu machen. «Bach hat» – ich zitiere Schweitzer – «in seine Orgelwerke keine Angaben über die Registrierung und den Wechsel der Klaviere eingetragen, wie dies die späteren Orgelkomponisten in der Regel tun. Für die Organisten seiner Zeit war das nicht nötig. Aus der Art der damaligen Orgeln und aus dem geltenden Brauche ergab sich für sie die Wiedergabe, wie sie Bach im Sinne hatte, von selbst.» Hinsichtlich der Schirmerschen Bachausgabe «erblickten Widor und ich unsere Aufgabe darin, den nur mit der modernen Orgel bekannten und durch sie dem Bachschen Orgelstil entfremdeten Organisten darzulegen, was an Registrierung und Manualwechsel für das betreffende Stück auf den Orgeln, mit denen Bach rechnete, in Betracht kam, und sodann Erwägungen anzustellen, inwieweit darüber hinaus, unter Wahrung des Stils, von dem auf der modernen Orgel möglichen, beliebigen Wechsel der Klangstärken und der Klangfarbe Gebrauch zu machen sei».

Zweimal war Widor im Günsbacher Pfarrhaus, oft ist mein Onkel rasch für ein oder zwei Tage zu ihm nach Paris gefahren. Aber nur die fünf ersten

Bände des Orgelwerkes – Sonaten, Konzerte, Präludien und Fugen – konnten vor der Ausreise nach Afrika abgeschlossen werden. Die Choralvorspiele sollten beim ersten Europaurlaub gemeinsam bearbeitet werden, sind aber erst lange nach Widors Tod (1937) fertig geworden. Immer wieder hat Schweitzer daran gearbeitet, und noch 1962 ist der Organist und Freund, Edouard Nies-Berger, der Widors Mitarbeit fortsetzte, nach Lambarene gefahren, wo in glühender Tropenhitze die letzten Details der Ornamentik festgelegt wurden. – Nicht gar so kraß wie der damalige Dekan der medizinischen Fakultät in Straßburg, bei dem Schweitzer sich als Student anmeldete und der ihn am liebsten dem Kollegen von der Psychiatrie überwiesen hätte, äußerte sich Widor zum Plan seines Schülers und Freundes, als Arzt nach Afrika zu gehen: er schalt ihn einen General, der sich mit der Flinte in die Schützenlinie legen wollte.

Widor liebte meinen Onkel wie einen Sohn. Auf seine Anregung hat Schweitzer sein Buch über Bach geschrieben, auf seine Veranlassung 1928 in jenem Kreis des «Institut de France» über «Le fondement philosophique de la morale» gesprochen, in dem er am 20. Oktober 1952 als Mitglied der «Académie des Sciences Morales et Politiques» und Nachfolger Pétains aufgenommen wurde. Als Thema seiner Antrittsrede hat er das ihm am Herzen liegende Problem «l'éthique dans l'évolution de la pensée humaine» gewählt.

Seine Aussprache des Französischen trug unverkennbar den Akzent des Elsässers, der das H aspiriert und die Vokale übermäßig dehnt. Mein Onkel hat sich dessen nie geschämt und bekannte sich offen als «homme de Günsbach». Stilistisch aber hat er beide Sprachen, das Französische wie das Deutsche, gleich gut beherrscht. Schrieb er doch sein erstes Buch über Bach französisch und hielt dabei gleichzeitig deutsche Vorlesungen und Predigten.

Die Korrespondenz mit Eltern und Geschwistern wurde französisch geführt, «weil das so Brauch in der Familie war» – und heute noch ist. Und doch war für Schweitzer das Deutsche Muttersprache, denn unser elsässischer Dialekt, in dem er aufwuchs, ist eine rein alemannische Sprache. Den Unterschied zwischen den beiden Sprachen hat er einmal so formuliert, daß ihm beim Französischen sei, als bewege er sich auf wohlgepflegten Parkwegen, beim Deutschen aber, als triebe er sich in einem herrlichen Wald herum.

Aus dem Elsässertum, in dem immer wieder alemannische und französische Einflüsse sich kreuzten oder vereinigten, ist der «homme de Günsbach» zum Europäer geworden. Im elterlichen Haus hatten Gotthelf, Hebel und Keller neben den französischen Klassikern ihren Platz. Beim Großonkel in Mülhausen, bei dem mein Onkel während seiner Gymnasialzeit lebte, hielten Goethe, Schiller und Lessing mit Voltaire, Montaigne und Rousseau gute Nachbarschaft im Bücherschrank. In dieses kleinen und beleibten Großonkels viel zu kurzen schwarzen Hosen hat der lange, schlanke Albert zur Maturitätsprüfung gehen müssen, und es habe an diesen Hosen gelegen, behauptete er, daß sein Maturitätszeugnis nicht so gut ausgefallen sei, als man erwartet hatte. Den zum Examen vorgeschriebenen schwarzen Gehrock – das Erbstück eines alten Verwandten – besaß er wohl, nicht aber die schwarze Hose! Weil er nun seinen Eltern die Ausgabe ersparen wollte, bat er den Großonkel, ihm die seine zu leihen und entdeckte erst am Morgen des Examenstages, daß sie, trotz Verlängerung der Hosenträger mit Schnüren, viel zu kurz war. Nur mit Mühe enthielten beim feierlichen Eintritt in das Prüfungszimmer seine Examensgenossen sich des Lachens, der Arme war Anlaß zu höchst unzeitgemäßer Heiterkeit, so daß der gestrenge Herr Oberschulrat aus Straßburg das unfeierliche Benehmen mit einer Rüge bedachte und sich veranlaßt sah, Schweitzer im Examen besonders hart zuzusetzen. In Geschichte aber, die er selber prüfte und in der er sich mit dem Prüfling über den Unterschied zwischen griechischen und römischen Kolonisationsunternehmungen unterhielt, hat er ihm dann doch ein «sehr gut» und ein Extrakompliment in sein sonst mittelmäßiges Reifezeugnis gesetzt.

*

Zurück zu unserm Gästebuch als Familiengeschichte. Es stehen darin verzeichnet alle Feste und die Namen derer, die daran teilhatten, die Hochzeiten, Tauffeste, Konfirmationen und Verlobungen – wie ein Baum ist die Familie immer wieder um einen neuen Ring gewachsen. Auf den ersten Seiten des Urgroßvaters Philippe fein ziselierte gotische Schrift, dann Verse des Mülhauser Großonkels zur Geburt des ersten Enkelkindes – mit ungelenker Schrift die ersten Gedichte der Enkel zu großelterlichen Geburtstagen – ein erstes Schulzeugnis, von der Großmutter liebevoll abgeschrieben. Die witzigsten Verse sind immer wieder die des «gescheiten» Schweitzer aus Paris, der fast jedes Jahr zum «frommen» in die Ferien kam. Später brachte er seinen Enkel, das Büblein Jean-Paul mit. Ich sehe ihn noch, den kleinen Sartre, in schwarzer Schulbluse, ernsthaft und still, mit klugen, beobachtenden Augen. Er schrieb an einer Geschichte, ich glaube sie hieß: «La vendeuse de bananes.» Was er darüber hinaus einmal sagen und denken und schreiben würde – wer hätte es geahnt? Mein Onkel hat mir oft erzählt, wie er in Paris den künftigen Existentialphilosophen «in der Kinderkütsch» von der rue Mignard ins Bois de Boulogne gefahren habe. Er hat später wohl alle Bücher des Vetters gelesen und sich auch, soweit dies möglich war, seine Theaterstücke angesehen – heute möchte ich ihm erzählen können, daß eines von Sartres glänzendsten und auch erschütterndsten Stücken – «Die ehrbare Dirne» – in einem Münchner Theater 1200mal über die Bühne ging. Die beiden «großen Männer» der Familie hatten manchen Wesenszug gemeinsam: die absolute und weit führende innere Verpflichtung zu ethischem Verhalten im Leben, die Güte (die Sartre in hohem Maße besitzt, auch wenn man es ihm nicht anmerkt), die Hilfsbereitschaft, die bei jedem von beiden bis an die äußerste Grenze des Möglichen ging und darum die wahre ist. Sie hatten auch jeder Achtung vor dem Wollen, vor dem klaren, ehrlichen Denken und vor der Leistung des andern – aber wirklich nahe haben sie sich nie gestanden. Sie waren in andern Charakterzügen und in ihrer Weltanschauung zu verschieden.

Der Name von Helene Breßlau, die später Schweitzers Frau geworden ist, erscheint im Gästebuch zum erstenmal am Pfingstmontag 1903, als der Straßburger «Radelclub» – eine Gruppe von Schweitzers Freunden – das Günsbacher Pfarrhaus zum Ziel seines Ausflugs machte. Auch Elly Knapp, die «im Schatten des Münsterzipfels» aufwuchs, gehörte zum Radelclub. Sie war die Tochter eines deutschen Professors, der an der Straßburger Universität Wirtschaftsgeschichte lehrte, und ist später die Gattin von Theodor Heuß geworden, des ersten deutschen Bundespräsidenten nach 1945. «Münsterzipfel», so heißt in Straßburg der Turm des gotischen Münsters – und das ist typisch elsässisch. «Gerade wo man Ehrfurcht empfindet, macht man schnell eine halbironische Geste, man verkleinert ein wenig vor lauter Angst, zu dick aufzutragen, zu blaguieren» – erklärt Elly Heuß. In ihrem Erinnerungsbuch («Ausblick vom Münsterturm») hat sie viel Gutes und Kluges gesagt über das Land, das sie liebte, und über seine Menschen. Auch sie hat für die Verständigung zwischen deutschem und französischem Wesen gearbeitet.

In der Folge findet sich da und dort auf den Seiten des Gästebuches in charakteristisch steiler Schrift der Name Helene Breßlaus, schlicht, ohne poetische Zutaten oder freundschaftliche Ergüsse. Dann, am 1. Januar 1912, stehen die beiden Namen, der ihre und der meines Onkels nebeneinander. «L'amitié est devenue officielle.»

Helene Breßlau, die Tochter des Historikers an der Straßburger Universität, war eine feine, gebildete Frau. In ihrem zarten Körper lebte eine stählerne Energie, und der glühende Wille beseelte sie, an Schweitzers Seite seine Ideen zu verwirklichen. Ich erinnere mich an ihre Hüte mit vorn aufgeschlagener hoher Krempe, unter der ihre klassischen Züge, die großen grauen Augen unter schön geschwungenen Brauen voll zur Geltung kamen. Getrieben von sozialem Verantwortungsgefühl hatte sie – wie ihre Freundin Elly Knapp – sich der elsässischen Stadtverwaltung als Fürsorgerin zur Verfügung gestellt und betreute in einem Knabenhort Straßburger Lausbuben, was für eine Altdeutsche bemerkenswert war. Vermutlich im Hinblick auf Schweitzers Pläne absolvierte sie in einem strengen deutschen Diakonissenhaus ihre Ausbildung als Krankenschwester. – Wir Kinder hatten sie heimlich «Tante Anstand» getauft, weil wir in ihrer Nähe die zwingende Verpflichtung empfanden, uns ordentlich zu benehmen. Wir machten große Augen, meine drei Brüder und ich, als wir erfuhren, daß «Tante Anstand» unsere richtige Tante werden sollte.

Zur Verlobung, die in Straßburg gefeiert wurde, durfte ich mitfahren. Was mir damals in den Sinn gekommen sein mag, kann ich heute nicht mehr erklären: mir war das Herz übervoll, und so stand ich, nachdem beim Champagner die eine Familie die andere auf das Liebenswürdigste angesprochen hatte, plötzlich von meinem Stuhl auf und hielt – zum Erstaunen der Tafelrunde – an den geliebten Onkel und die neue Tante eine Rede, in der es von armen, kranken Negerkindern wimmelte und von edlen Gefühlen tapferer weißer Menschen, die auszogen, sie zu heilen, nur so troff ... Die Mütter wischten sich die Augen, die Herren schmunzelten, von allen wurde ich abgeküßt, und Onkel Bery kniff mich liebevoll in den Arm.

Im Juni 1912, als in großen Büschen Großmutters Pfingstrosen blühten, wurde in Günsbach die Hochzeit gefeiert. Bis zur Ausreise nach Afrika, im März 1913, haben mein Onkel und seine Frau im Günsbacher Pfarrhaus gewohnt. Das war für uns alle eine gar schöne Zeit. Heute denke ich manchmal, daß unsere Familie es der Frau aus dem jenseits des Rheins gelegenen Land und dem andern Milieu nicht immer leicht gemacht hat. Das Sarkastische liegt im Charakter des Elsässers ... Noch höre ich Tante Helene sich bei Tisch ärgerlich darüber äußern, daß ein erwarteter Brief nicht gekommen und die Post weder rasch noch zuverlässig funktioniere ... und meines Onkels spöttische Antwort: «Vergiß nicht, meine Liebe, daß Ihr Kriegsschiffchen baut!» Kriegsschiffe, riesige Marine- und Militärbudgets bedeuteten für ihn ganz offensichtlich, daß Anderes, Wichtigeres in einem Staat zu kurz kam.

Helene Schweitzer ist mit ihrem Mann ausgezogen und hat mit ihm zusammen Pionierarbeit im Urwald geleistet, als noch ein fensterloser Hühnerstall Konsultationsraum war. Später, als gesundheitliche Gründe und die Erziehung ihrer Tochter sie zwangen, ihren Aufenthalt in den Tropen immer häufiger zu unterbrechen, hat sie das schwerste Opfer gebracht, das eine Frau und Mitarbeiterin bringen kann – sie ist beiseite gestanden und hat ihn hinausziehen und gewähren lassen. Und weil sie eine kluge Frau war und sein Werk ihr am Herzen lag, hat sie – wo immer sie konnte – versucht, durch Vorträge diesem Werk Freunde zu werben und es zu fördern. Bis zu seinem Ende war dieses Frauenleben restlos von Schweitzers Idee und seinem Werk erfüllt. Seine Grundeinstellung war auch die ihre: daß es nicht Gutes sei, was er an den Schwarzen tue, sondern Sühne.

Während der Zeit bis zu seiner Ausreise nannte mein Onkel sich seines Vaters Vikar und predigte jeden zweiten Sonntag in der Günsbacher Kirche. Predigen war ihm ein innerliches Bedürfnis. «Zu gesammelten Menschen von den letzten Dingen des

Daseins reden zu dürfen», empfand er als etwas Wunderbares. Als Segenswort, mit dem er die Gemeinde jeweils entließ, hatte er aus dem Paulusbrief an die Philipper Kapitel 4 Vers 7 gewählt: «Der Friede Gottes, welcher höher ist als alle Vernunft, bewahre Eure Herzen und Sinne in Christo Jesu.»

Vor der Ausreise nach Afrika predigte er noch einmal vor seiner Straßburger Gemeinde zu St. Nicolai, sein Text war das Pauluswort vom Frieden Gottes: «Merket, der Apostel sagt nicht: der Glaube, welcher höher ist als alle Vernunft, sondern der Friede Gottes. Denn keine Vernunft kann in einem Glauben zur Ruhe kommen, wahre Ruhe kommt aus dem, was mit unserem Willen geschieht, aus dem Weg, den er sucht. Und Friede Gottes ist nur, wenn unser Wille in dem Unendlichen Ruhe findet.» – Die Kirche hatte nicht Raum genug für alle, die gekommen waren, Schweitzer noch einmal zu hören und von ihm Abschied zu nehmen. Viele junge Menschen standen in den Gängen. Wir sangen eines seiner Lieblingslieder:

> Zions Stille soll sich breiten
> um mein Sorgen, meine Pein –
> denn die Stimmen Gottes läuten
> Frieden, ew'gen Frieden ein.
>
> Was gewesen, werde stille
> stille, was dereinst wird sein –
> all mein Wunsch und all mein Wille
> geh in Gottes Willen ein.

Als fünf Jahre später mein Onkel aus dem Interniertenlager von St. Rémy de Provence zurückkam, hielt er seine erste Predigt zu St. Nicolai über den gleichen Text.

*

Während des Ersten Weltkrieges füllten die ungebetenen und nicht geladenen, doch freundlich aufgenommenen Gäste – die deutschen Offiziere, Feldgeistlichen, Ärzte und Wehrmänner – die Seiten des Gästebuches. Sie waren oft mehrere Monate im Pfarrhaus in Quartier. «Möge dies Haus und seine Familie die Kriegsstürme überdauern und vielen ein Asyl bleiben...» – immer wiederkehrendes Thema mit Variationen. Originell wirkt die Schilderung jener «Schlacht» im Nachbardorf zwischen Bayern und «Saupreußen», in der die Söhne Germaniens sich gegenseitig die Köpfe blutig schlugen. Ein bayrischer Feldgeistlicher hat sie in Hexametern verfaßt.

Dann kam der 11. November, der Waffenstillstand. Kein Absatz nun, und keine leere Seite, – einfach weitergehend die Eintragung einer französischen Mutter, die kam, um ihres Sohnes Grab zu finden, der in der Gegend gefallen war. Großvater wußte, wo er suchen mußte und führte sie hinauf zum Buchholz, wo unter unsern mächtigen, alten Kirschbäumen das kleine Holzkreuz stand.

Aus all den verstreuten Gräbern sind später die Gebeine der Toten gesammelt worden – die der

Deutschen und die der Franzosen. Sie fanden ihre letzte Ruhe in einem Gemeinschaftsgrab auf unserm Dorffriedhof oder auf jenen Friedhöfen oben am Schratzmännele, am Bärenstall und am Lingekopf, wo Tausende von Holzkreuzen, – weiße für die Franzosen und Amerikaner, schwarze für die Deutschen – von der Sinnlosigkeit dieses Sterbens eine erschütternde Sprache reden.

«Nie mehr», sagte man sich damals, wenn man Glockenblumen und roten Fingerhut einem dieser Kreuze zu Füßen legte, «nie mehr kann, darf, wird solches geschehen!» ... Und es geschah wieder.

Nach dem Zweiten Weltkrieg, nach sechs Jahren der Trennung und einem glücklichen Wiederfinden in Günsbach, bricht das Gästebuch, die Chronik eines halben Jahrhunderts, ab. Die Tante, «min Gretele», die es nach Großvaters Tod treu verwahrte, starb, – und das Gästebuch blieb geschlossen – wer hätte es weiterführen sollen? Seine Zeit war vorbei.

Großvaters Enkel, meine Brüder und Vettern, haben alle den Krieg mitgemacht als französische Soldaten und Offiziere – und sind alle heimgekommen. Einer unter ihnen, Pierre-Paul Schweitzer, der heutige Direktor des Internationalen Währungsfonds in Washington, hat seine Tapferkeit in der Résistance mit Buchenwald bezahlt.

1945 war der Günsbacher Kirchturm zerschossen, seine Glocken hingen in einem Holzgestell im Freien, aber das Dorf war unzerstört, wir alle lebten. 1948 kam mein Onkel endlich in die Heimat zurück.

Nach dem Tode seiner jüngsten Schwester schloß auch ihr Haus seine Läden – wie das alte Pfarrhaus, das immer noch leer steht, weil im Elsaß der Nachwuchs an jungen Pfarrern längst nicht genügt. Dann kam Paul Schweitzer, Onkel Berys jüngerer Bruder, heim ins Dorf, als er sich aus dem Berufsleben zurückzog; er hat das stillgewordene Haus der Schwester übernommen und seine geschlossenen Augen wieder aufgeschlagen. Heute lebt darin seine Frau, die Schwester des Dirigenten Charles Münch, und hält es offen für uns alle, die wir Heimweh haben nach dem Dorf, nach den Nußbäumen im Schönenbach, nach den Rebenmäuerchen und den Wäldern, nach dem Kanzrain und den Gräbern auf dem Gottesacker.

BRIEFE HIN UND HER...

Albert Schweitzer war 22 Jahre alt, als er mein Pate wurde. Aus Paris kam der erste Brief zu dem kleinen Mädchen, lange ehe es richtig sprechen und das Schwierigkeiten bereitende R formen konnte. Es war ein schlankes Brieflein auf blaßrosa Papier, dieses erste von so vielen späteren, die mich während der 68 Jahre unserer Verbundenheit erreichten. *

Paris 20 rue de la Sorbonne
Le vendredi avant Noël 1898

Ma Suzi chérie!!!

A présent reste tranquille et ne fais pas de grimaces, – tu es devant moi adossée contre un livre de Kant. Ordinairement tu es sur la cheminée, parceque sur la table tu me distrairais trop. Je t'ai embrassée et je t'ai posée devant moi sur la table. Tu es la seule photographie dans ma chambre. C'est drôle – je te regarde et il me semble que l'expression de ta figure change sur la photographie – ils disent qu'elle n'est pas bien réussie: c'est faux, c'est toi – jusqu'à la

* Die Übersetzung der französisch geschriebenen Briefe findet sich auf Seite 202 ff.

poupa que tu tiens à un pied, wie der Metzger ein Schweinchen am Seil führt. Je viens de rêver un peu en songeant à toi. Te souviens tu, quand tu ne voulais pas rester seule en t'endormant, quand il fallait te donner la main? Tu criais – j'ouvrais la porte: Pa'ain, pa'ain... Je ne pouvais résister à cette tendre confiance – je me suis mis à côté de toi, tu pris ma main... et tu étais calme et tranquille. Il faisait sombre dans la chambre et je te parlais à voix basse. – Je te racontais des choses, que tu ne comprenais pas. Quelquefois je te passais la main sur le front comme ma maman me le fait quand elle m'aime, je te disais «Suzi» tout bas – je te croyais endormie, – mais non – je veux me lever – «Pa'ain, pa'ain». J'essayais de me dérober sur quatre pattes – «pa'ain, pa'ain»!! – oh, je crois encore t'entendre prononcer ce mot! Te souviens-tu quand je t'ai portée sur mes bras de Wihr quand tu dormais? Tu t'es reveillée au moment où nous entrions dans le village. Tu te glisses partout: je vois ta tête entre les lignes des écrits de Kant... Et maintenant c'est Noël. Papa m'a écrit qu'il a choisi un sapin pour le Christkindl dans la forêt pendant qu'il neigait. Dimanche ils viendront tous et tu auras ton arbre de Noël. O Suzi, Suzi! L'année passée je te portais sur mes bras! Tu avais une belle robe longue, tu ne savais pas encore dire «pa'ain» et je t'aimais pourtant. Sais-tu, sauras-tu jamais ce que tu es pour moi? Quelle place tu occupes dans mon coeur? Et dimanche je ne serai pas avec toi! Tu ne me manqueras pas, crois-tu, puisque je ne te manquerai pas? Tu embrasseras la nouvelle poupa ou un gros mouton, et tu ne sais pas que je voudrais être à la place de ces horreurs! – Et puis papapa dira: «Buvons à la santé de Sepp!» Mamama de Gunsbach et ta maman s'essuiront un peu les yeux – tu sais, elles m'aiment beaucoup. Allons Suzi, bois à la santé de pa'ain qui est à Pa'is. Tu regarderas: pourquoi te-dérange-t'on? Tu as autre chose à faire: regarder la nouvelle poupa, casser un nouveau jouet – que te veut-on, penseras-tu? Pourquoi font-ils de si drôles de têtes? Pa'ain – oui je me souviens, je lui ai donné un grand sou quand il est parti de Colmar, j'avais mon Mäntele bleu et tante Agig me tenait par la main, et il me regardait si drôlement. Je voudrais pourtant savoir s'il a encore le sou? Peut-être s'en est-il servi pour acheter du tabac, et mamama n'aime pas quand il fume trop la pipe, il sent la fumée après... Et tu ne pleureras pas même de ce que pa'ain n'est pas avec toi. Tu as raison, tu sais, sois gaie à Noël aussi longtemps que tu peux, après il viendra beaucoup de Noëls tristes – mon premier Noël triste c'était quand j'ai rapporté un mauvais certificat, mamama pleurait, et je ne pouvais pas la voir pleurer, je lui ai pris la tête entre mes mains et je l'ai embrassée en promettant de travailler: c'est là que j'ai vu que je l'aimais plus que je ne pourrais jamais lui dire. J'ai tenu ma promesse. (...)

Quand tu seras grande, tu reliras cette lettre... que serai-je alors? On te dira peut-être que je suis dur, cruel, que je n'ai pas de coeur. Et tu sauras que j'en ai, – j'en ai presque trop: quand on aime profondément on est malheureux. Et maintenant en regardant ta photographie, il faut que je rie: sais-tu ce qu'ils vont dire? Pa'ain écrit à sa Suzi, mais Suzi ne sait pas lire! Figure-toi qu'ils croient que Suzi ne peut pas lire la lettre de pa'ain? Et pourtant c'est faux. Toi tu la comprendras mieux que tous les autres; eux diront: c'est une triste lettre – et toi tu riras. Pa'ain m'a écrit une lettre, il m'a raconté beaucoup de choses et les autres croient qu'elle est triste, parcequ'ils ne la comprennent pas. Je veux la lire à poupa: écoute poupa, pa'ain Pa'is, Pa'ain lettre à Schüzi, pa'ain aime Schüzi. Mamama pas pleurer, pa'ain revenir. C'est drôle, on s'imagine qu'il faut savoir lire pour comprendre une lettre – non il faut simplement aimer pa'ain pour la déchiffrer.

Ein anderer Brief kam aus Berlin, wo Parrain Theologie und Philosophie studierte.

> Berlin, juin 99
> un jeudi soir

Ma chère Suzi,

(...) Nous deux, toi et moi, nous sommes tellement intimes que je n'ai pas besoin de m'excuser vis-à-vis de toi de ce que j'aie attendu si longtemps pour t'écrire. Tu as eu des nouvelles par les autres, mais crois mois sincère: ma conscience me fait des reproches de ce que je t'aie negligée. (...) Par la lettre de mamama j'ai appris que des fraises envoyées de Colmar ont impliqué un mouvement précipité à ta digestion; ce sont des choses qui arrivent souvent dans ce monde. La suite terrible sera, daß die andern Dir jetzt alles wegfressen – je ne regrette qu'une chose, c'est de ne pas pouvoir les aider. Penses-tu quelques fois à moi? Ton idée de vouloir me rejoindre avec ton panier m'a profondément touché. Pour le cas où le voyage te réussirait, je vais te donner la description de la maison et de ses habitants, pour que tu saches où me trouver et que tu connaisses la société. La Kochstraße est pavée et a deux rails de tramway. On entre par une immense porte pour venir chez moi: à gauche il y a un magasin de fourneaux, à droite une librairie. En entrant il faut faire attention de ne pas marcher sur les pieds du portier qui est assis sur une chaise en fumant sa pipe; songeant aux jours où ces délices ne m'étaient pas encore défendus je ralenti le pas pour en emporter un nez plain. En entrant dans la cour tu as la maison de derrière enface; au troisième, la quatrième fenêtre à droite c'est la mienne. Nous pouvons entreprendre les présentations dans la cour, car je vois mon ami Hänschen qui accourt pour me donner la main, qui quelques fois par ses reflets douteux me rappelle la tienne. Hänschen Müller a trois ans et un tablier de toile cirée pour qu'il ne se mouille pas dans la cour où l'eau, après les jours de pluie, forme un petit lac qui attire invinciblement mon ami Hänschen jusqu'à ce qu'il soit mouillé complètement et que la mère vienne le rappeler au devoir – ce sont des situations tristes. Il serait faux de présumer de cela sur son caractère, ce sont des malheurs qui arrivent à tout le monde, et je crois que l'heure n'est pas trop éloignée où tante Agig comme un aigle s'élancera de la cuisine dans la cour pour emmener Suzi qui a fait la lessive à sa façon. Je ne veux pas être prophète, je préfère être ton avocat. Mais revenons à Hänschen. Il est très bien élevé, mieux que toi (que cela reste entre nous!). Il ne dit jamais de gros mots, joue toujours avec les petites filles; er flieht der Brüder wilde Reihn, parceque les autres font des gamineries et lui attrape les coups, car son père ne badine pas. Dernièrement les autres ont crić «alte Schachtel» à une dame qui montait l'escalier: le père l'entendait à la fenêtre und Hänschen wurde gewichst; seulement après la dame est venue dire qu'il était innocent. J'ai dû songer combien de fois le père m'a taupé l'extrémité quand j'étais innocent; les cas étaient rares, mais le souvenir en est réconfortant. L'idéal de Hänschen est aussi doux que prosaïque: Kaffee und Kuchen; je le connais puisque le dimanche soir il me demande: «Herr Schweitzer, hast du auch Kaffee und Kuchen gehabt?» Comme je dis ordinairement «non» il me croit très malheureux. Si Hänschen est très bien élevé il le doit en grande partie à ses soeurs qui ont quelques années de plus:

ce sont des modèles, quand elles me voient de loin elles font des Knix; je réponds gravement en tirant le chapeau, ce qui les amuse, parcequ'elles se sentent traîtées en demoiselle. Quand je monte l'escalier elles me laissent passer devant: des modèles je te dis, je désespère de te voir arriver au même degré de perfectionnement, surtout que j'apprends que tu es récalcitrante pour le français. Si le beau papier rose s'y prêtait, je t'enverrais un sermon sévère. C'est indigne, une jeune alsacienne qui ne sait pas le français. Corrige-toi, que je n'entende plus de plaintes à ce sujet. Je te charge de quelques commissions: embrasse mamama de ma part et dis lui que sa lettre m'a charmé toute la soirée. Aide papapa quand il bouchonnera le vin pour me l'envoyer. (...) Fais mes amitiés à Turc lors de vos promenades, raconte-lui un peu ce que je fais, ça l'intéresse. Que ce papier rose te traduise mes sentiments envers toi mieux que ce qui est écrit dessus... j'ai y déposé un baiser pour toi.

       Ton vieux pa'ain Albert

Als ich schreiben konnte, begann unsere Korrespondenz – kleine Briefe, kleine Zettel, Postkarten kamen von seinen Reisen. Fünfundzwanzig Jahre später stand ich zum erstenmal vor dem mächtigen Kastell des Königs René in Tarascon; da war mir, als kenne ich diese wuchtigen Mauern und Türme – und ich erinnerte mich jener sorgsam aufbewahrten Ansichtskarte, auf die die Zehnjährige so stolz war:

«Tartarin de Tarascon par l'entremise d'Albert Schweitzer présente ses respects à Suzanne, mit der er durch das gute Mundwerk sich verbunden fühlt...»

Die folgenden Zeilen waren die letzten vor der Ausreise in das große Wagnis:

21. Januar 13

«Dank für Deinen lieben Brief. Es ist so, daß wir uns verstehen, ohne viel miteinander reden zu können. Auch ich habe oft daran gedacht, daß ich jetzt von Dir fortgehe, wo Du anfangen könntest, das zu genießen, was ich Dir zu bieten habe. Aber sieh, die Gedanken gehen ihren eigenen Weg, und ich weiß, daß auch Du den Platz im Leben suchen wirst, wo man Dich braucht. Ich schreibe Dir nicht oft, aber ich denke viel an Dich.

Oncle parrain Albert»

Dann kam der erste Brief aus Afrika.

Lambarene, dimanche 18 mai 13

Quel plaisir tu m'as fait avec ton récit. Si tu savais combien c'est bon de vivre en pensée tout ce qui s'est passé. Il me semblait, en te lisant, d'aller au Kanzrain. Vas-y souvent pour moi. Ich habe Heimweh danach!

Je ne puis t'écrire longuement parce que nous sommes encore en train de nous installer. Et avec cela 30 malades par jour! Et préparer tous les médicaments soi-même! – N'oublie pas d'aller au Kanzrain le Johannistag.

Voilà l'orage qui arrive. C'est très fatiguant un orage par jour. Et chaque fois on croit que le toit de feuilles de palmiers va s'envoler.

N'oublie pas d'aller à l'église tous les dimanches!

Je t'embrasse   à toi   Albert

※

Es kam der Krieg – er kam auch in unser Dorf. Die Briefe aus Lambarene – durch Freunde in Zürich vermittelt – wurden seltener, erreichten uns unregelmäßig – und viele erreichten uns nie. Als deutsche Staatsangehörige in einer französischen Kolonie wurden Albert Schweitzer und seine Frau interniert, das heißt in ihrem Wohnhaus eingesperrt und von schwarzen Soldaten bewacht. Damals begann Großvater das schon erwähnte Tagebuch für den fernen Sohn, und in diesem Tagebuch sind Onkel Berys seltene Briefe alle unterstrichen verzeichnet.

Am 14. Januar 1915, seinem Geburtstag, kam die Nachricht, daß die Bewachung durch die schwarzen Soldaten aufgehoben sei; er und seine Frau seien wohlauf, und er dürfe auch wieder Kranke behandeln. Nach langem Warten am 3. Juni Briefe vom

Mai und April, worin zu unser aller Beruhigung die Nachricht, daß der Onkel aus Paris (der «Reiche») Lebensmittel geschickt habe, Kartoffeln, Mehl, Zukker und Kondensmilch. Dann berichtet am 12. November Freund K. in Zürich dem Großvater, daß der Sohn mit seiner Frau zur höchst nötigen Erholung in Kap Lopez am Meer weile. Am 17. Dezember ein Brief von ihm selber aus Lambarene: «Die Wirkung der Seeluft hält bei uns beiden noch an: ich fühle mich bei der Arbeit so frisch, daß ich über mich selbst staune und anfange zu glauben, daß das unter dem Äquator geschriebene Werk noch gut werden wird. Jetzt ist die Zeit der Ananas – könnte ich Euch doch einen Korb voll hinstellen! Unser Dasein ist ganz monoton, aber wir sind froh, ganz still zu leben...» Ein in Lambarene am 9. November 1915 geschriebener und am 2. Februar 1916 in Günsbach angekommener Brief meldet: «Wir fühlen uns frisch. Zu essen genug. Aber die Hitze wird schon schrecklich. Macht Euch unseretwegen keine Sorgen, wir können es noch lange aushalten, wenn es sein muß, und ruhen dann lange im Pfarrhaus aus. Aber wenn der Herr Pfarrer müde ist, soll er die Stelle nicht unseretwegen halten, so traumhaft schön uns das Wiedersehn im Pfarrhaus vorkommt. Man lernt in dieser Zeit auf vieles verzichten. Aber ich glaube, er gehört in dieser Zeit mit der Gemeinde zusammen, und das ist auch schön.»

Lambarene, 24. Mai 16

Liebe Suzi,

Diesmal plagen mich die Zähne weniger, so daß ich Dir auf Deine lieben Palmsonntagszeilen antworten kann. Das Antilöpeli liegt neben meinem Stuhl. Es ist 10 Uhr abends, aber noch furchtbar warm. (...) Daß Du soviel mit C's zusammen sein kannst, ist mir eine große Freude. Vergiß nie im Leben, daß Du ein großes Privileg hattest, mit ihnen und anderen geistig hervorragenden Menschen Gemeinschaft zu haben und so in der Sonne aufzuwachsen, wo so viele andere im Dunkel leben müssen und so etwas nur als Sehnsucht kennen. – Ich arbeite sehr viel an meinem philosophischen Werk und denke manchmal darüber, daß Du jetzt schon gescheit genug bist, um es zu verstehen. In manchen Kapiteln habe ich für jede Seite 6 bis 10 Seiten Skizzen gemacht. Wie das in der Einsamkeit Gedachte auf einen Europamenschen wirken wird, kann ich mir freilich gar nicht vorstellen. Tante Helen geht es nicht übel. Sie hat es wieder sehr viel mit dem Anstand zu tun, denn das Antilöpeli brünzelt noch in alle Ecken und macht die Böllchen, wohin es ihm gerade paßt.

Im Sommer 1916 (ich hatte eben meine Matura am Gymnasium in Straßburg bestanden) trat – zum erstenmal – der Tod in mein eigenstes Leben: die Großmutter starb. Ich glaube, sie hat es gewußt, damals am Tag des Abschieds, daß sie ihn nicht wiedersehen würde, diesen liebsten Sohn, diesen Sohn, auf den sie so stolz war – und dem sie es nie gezeigt hat. Durch den Krieg ist ihr in einer seltsamen Art zuteil geworden, was sie immer sich gewünscht hatte: aus dieser Welt zu gehen, solange sie noch ganz sie selbst war, aufrecht, stolz, ohne geistigen oder körperlichen Niedergang erdulden zu müssen. Ein scheu gewordenes Militärpferd kam auf dem Sträßchen dahergerast, wo sie mit dem Großvater ihren Abendspaziergang machte. Es warf sie zu Boden. Am Straßenrand, in den Ackerwinden, lag sie.

Auf dem Graspolster eines Schubkarrens hat man sie ins Dorf gebracht, die wenige Stunden später, ohne das Bewußtsein wieder erlangt zu haben, gestorben ist. Die Nacht, in der Großmutter tot auf ihrem Bette lag, haben Großvater und seine Tochter im Keller verbracht – Granaten schlugen ins Dorf.

Am 5. Juli, abends um 8 Uhr, haben wir Großmutter begraben. Der Ortskommandant hatte bekanntmachen lassen, die Zivilbevölkerung möge, im Interesse ihrer eigenen Sicherheit, sich nicht an der Bestattung beteiligen. Zwei Posten am Eingang des Friedhofs. Wir standen, ein kleines Grüpplein, am Grab, und über uns rollte, unaufhörlich, der Donner der Geschütze.

In einem Brief an mich aus Lambarene hieß es:

«... Über allem Schmerz steht für uns die herrliche Erinnerung – und wohl auch für Dich. So eine Mutter und Großmutter ist etwas Seltenes auf der Welt. Also muß man in allem Leid glücklich sein, sie gehabt zu haben. Und behaltet, Ihr Kinder, immer das Bild dieser Einfachheit und dieses herben, gesunden Denkens in Eurer Seele.

Helen und ich haben beide den gleichen Gedanken gehabt, daß es so schön ist, daß die Großmutter sich noch an Deinem Examen freuen konnte. Ich meine, auf dem Friedhof in Günsbach zu sein – nur hört man jetzt nicht mehr den fernen Ton des Rades der Fabrik, der die Stille unterbrach...»

Der nächste Brief, den Großvaters Tagebuch am *5. Oktober* verzeichnet, war am 15. August 1916 geschrieben. «Am Tage, da wir früher alle so froh miteinander in der Natur waren, schreibe ich Euch, daß ich weiß, daß die Mutter auf dem Friedhof ruht. Es gibt doch merkwürdige Ahnungen: als die Sirene des Schiffes in der Ferne ertönte, wußte ich, daß sie mir die Nachricht von diesem Tode brachte. Durch das Zimmer grüßt mich ihr Bild, das wir heute mit Palmen- und Orangenzweigen schmückten. Ich bin noch zu ergriffen, um mir Rechenschaft von allem zu geben und sehe nur immer die Ecke des Friedhofs vor mir in der ganzen Sommerpracht und denke daran, wie es sein wird, wenn ich als Heimgekommener mit Helene sie dort begrüßen werde.»

Am 19. Dezember 1916 schreibt Freund K. aus Zürich, daß er von Onkel Bery wiederum Nachricht aus Kap Lopez habe. «Wir führen hier ein Leben wie Robinson, umgeben von Haifischen und im Meere badenden Nilpferden und haben mehr Fische zu essen, als wir verzehren können. Es geht uns ziemlich gut, nur fehlen uns gänzlich Gemüse und Früchte. Das Wasser ist abscheulich. Ich habe einen Brunnen gegraben, um dasselbe ein wenig zu verbessern, aber dennoch muß man das Wasser durch Kohlen filtrieren und es kochen, dann ist es unschädlich; den sehr schlechten Geschmack behält es bei... Wir sind sehr glücklich über unsere Einsamkeit am Meeresufer und im Urwald, weg von aller Welt. Wochen vergehen, ohne daß wir einen Weißen sehen. Wir befinden uns auf der nördlichen Seite der Halbinsel Kap Lopez, ... wo sich der Südarm des Ogoweflusses in das Meer ergießt... unvergleichliche Natur, verdorben nur durch die schreckliche Sonne.»

Als sie diesmal nach Kap Lopez aufbrachen, haben sie nicht weniger als 50 Kisten, 73 Hühner, Antilopen und 2 Papageien mitgenommen, was uns vermuten ließ, daß sie für längere Zeit dort zu bleiben beabsichtigten. Im nächsten Brief, der nun durch den Gefangenendienst des Internationalen Roten Kreuzes kam, schreibt Onkel Bery, daß er Philosophie treibe und dazwischen Heringe räuchere, denn die seien delikat. «Könnte ich Euch nur die 350 schicken, die im Rauch hängen! Da wir nicht noch einmal von der Barmherzigkeit der Menschen abhängen wollen, wenn wir der Meerluft bedürfen, suche ich irgendwo ein Bretterhäuschen zu mieten. Finde ich keines, so baue ich mir selber eines mit Brettern der Missionssägerei in N'Gomo. Ich werde langsam ein guter Zimmermann...»

Diesen Brief vom *12. Dezember 1916* erhielt

Großvater am 18. März 1917. Dann lange nichts mehr ... lange.

Am *10. Dezember 1917* – wie ein Jubelruf: «Endlich ein Brief von Albert!» Er kam aus Bordeaux. Es sei, berichtet er, plötzlich der Befehl gekommen, daß sie mit dem nächsten Schiff Afrika zu verlassen hätten, um in Frankreich interniert zu werden. Nach dem langen Tropenaufenthalt froren sie in der Kaserne in Bordeaux in der Winterkälte jämmerlich, konnten sich dann aber wenigstens warme Kleider beschaffen.

«Am Anfang habe ich mich über die Nachricht, daß sie nach Europa gekommen sind, sehr gefreut», bemerkt der Großvater in seinem Tagebuch, «aber je länger ich darüber nachdenke, desto rätselhafter will mir die Sache vorkommen. Warum mußten sie aus Afrika fort, um interniert zu werden? Warum gerade in dieser Jahreszeit ... haben Albert und Helene nicht mehr Rücksicht verdient?»

Nach wenigen Tagen in Bordeaux wurden sie, – so schrieb Tante Helene – in das Interniertenlager von Garaison in den Pyrenäen geschafft. Dort sei das Klima besser, und Onkel Bery könne unter den Internierten sich als Arzt betätigen, was ihn sehr befriedige. Er bat, man solle jetzt die Schritte unternehmen, die er bis jetzt sich immer verbeten hatte, damit sie heimkommen könnten. Man solle ihm auch Schweglers Abriß der Geschichte der Philosophie senden. «Wir halten den Kopf hoch und haben guten Mut, soweit es die Tropenmüdigkeit erlaubt.»

Von Garaison ging es nach St. Rémy de Provence, wo sie am *27. März 1917* landeten – im alten, zum Irrenhaus gewordenen Kloster St. Paul de Mausole, wo, in seiner Zelle, van Gogh gelebt hat. St. Paul de Mausole, – einer der schönsten Orte der Provence! – Noch führte damals die herrliche Allee von Aleppokiefern zur Klosterpforte, die später in einem eiskalten Winter erfroren. Die Ölbäume auf den Feldern hat van Gogh auf einem Grund von rotem Mohn gemalt – über ihrem Silber stehn die Felsen der Alpilles. Ob Albert Schweitzer diese Schönheit sah? Ob er durch den herrlichen romanischen Kreuzgang um das blühende Geviert von Rosen geschritten ist? Ich weiß es nicht, nie hat er davon gesprochen. Ein kleines Bild aus jener Zeit zeigt ihn in unförmigen Holzschuhen, im blauen Drilchanzug provenzalischer Landarbeiter – mit einem nie an ihm gesehenen Ausdruck von dumpfer Hoffnungslosigkeit. Er hat diese Internierung und den Verfall des noch so jungen Werkes schwer ertragen – und nur langsam verwunden.

*

Zweiundvierzig Jahre später, im Juli 1959, als die ganze Provence sich auf den 100. Geburtstag von Frédéric Mistrals «Mirèio» vorbereitete, ging ein Brief des Bürgermeisters von St. Rémy an Albert Schweitzer, den «cher et illustre maître», mit der Bitte, die Ehrenbürgerschaft anzunehmen, die die

Stadt St. Rémy ihm antrage. «... nous souvenant toujours très fidèlement de votre halte à St. Paul-de-Mausole en des heures trop dures, nous souvenant des soins, que vous y avez prodigués, du haut exemple que vous y avez donné, puisque votre nom est encore prononcé chez nous avec vénération par ceux – ils demeurent nombreux – qui vous ont approché et connu; nous pénétrant aussi de tout ce que vous représentez aujourd'hui dans le Monde entier, nous voudrions pouvoir vous exprimer, – tardivement peut-être mais avec une totale sincérité de coeur et d'âme – notre infinie gratitude et notre vive admiration. – Voudriez-vous nous faire l'immense joie d'accepter le trop modeste titre de Citoyen d'honneur de la ville de Saint-Rémy-de-Provence que j'ose me permettre de vous proposer ici?...»

Dieser Brief warf ein Licht auf den Aufenthalt am Fuß der Alpilles, von dem Onkel Bery so wenig gesprochen. Dann kam eines Tages in Lambarene ein künstlerisches Mosaik an, groß wie eine Stubentür – darstellend einen Neger und eine Frau in der Tracht von Arles, unter dem christlichen Kreuz vereint – seine Ehrenbürgerurkunde. Sie hängt heute im Haus in Günsbach.

*

Am 15. Juli 1918 ein Telegramm aus der Schweiz: «Schweitzer und seine Frau haben am Morgen um 7 Uhr Zürich passiert und sind Richtung Konstanz weitergefahren.» – Sie kamen in einem Austausch von Zivilinternierten durch das Internationale Komitee vom Roten Kreuz. Helene Schweitzer erwartete ihr Kind.

Dann, am 18. Juli 1918, nach fünf Jahren und vier Monaten, das Wiedersehen am Straßburger Bahnhof...

*

Als endlich am 8. August Onkel Bery und seine Frau heim ins Elternhaus kamen, war die Freude im ganzen Dorf. In sein Tagebuch schreibt der Großvater nur: «Mit ihnen an Mamas Grab. Wir haben angefangen, den Mohn einzuernten.» Wenn etwas ihm sehr nahe ging – so scheint mir – hat der Großvater es mit sich selbst abgemacht, und das Tagebuch bekam davon nichts zu spüren.

Spontan ist dann im Dorf der Gedanke zu jenem wunderschönen Fest aufgekommen, mit dem der Großvater überrascht werden und das ihm die Dankbarkeit und Liebe seiner Pfarrkinder für sein 43jähriges Wirken in der Gemeinde beweisen sollte. Auch ohne Geläute der Glocken war die prächtig geschmückte Kirche bis auf den letzten Platz besetzt. Onkel Bery sprach das Gebet am Altar und hielt die Festpredigt. Es sangen die Mädchen von Günsbach und die von Griesbach, es sang ein Kinderchor aus beiden Gemeinden. Der geistliche Inspektor und der Vertreter des Kreisdirektors hielten Ansprachen, und für die beiden Gemeinden hielt der Günsbacher Lehrer eine ergreifende Rede. «Stolz haben wir auf Sie geblickt, auf den Mann im Silberhaar, der es auch in den schwersten Zeiten nicht über sich gebracht hat, seine Gemeinde zu verlassen. Sie waren uns ein Vorbild der Treue und Festigkeit...» Kleine Schulmädchen dankten in rührenden Versen ihrem lieben Herrn Pfarrer, und die Orgel spielte zum erstenmal der nach vierjähriger Trennung zurückgekehrte ehemalige Lehrer. Großvaters Dankesworte waren sehr bewegt, man spürte, wie glücklich die bezeugte Anhänglichkeit seiner Gemeinde ihn machte. Nach der kirchlichen Feier zogen wir alle zu Großmutters Grab, das die Frauen des Dorfes liebevoll geschmückt hatten.

Günsbach war damals längst das letzte bewohnte Dorf hinter der Front – das Städtchen Münster zerschossen und tot, das ganze Tal gegen den Vogesenkamm geräumt. Daß sie ihr Heu nur nachts einfahren konnten, war den Dorfbewohnern selbstverständlich geworden, sie lebten ihren Alltag mit dem Krieg und mit seiner Gefahr. Längst ging der Großvater nicht mehr in den Keller, wenn die Granaten ums Dorf einschlugen, sondern blieb ruhig in seiner Studierstube.

Nach Günsbach zu kommen, war seit langem nicht einfach. Man mußte auf der Ortskommandantur in Colmar sich einen Passierschein beschaffen und dazu einen möglichst glaubwürdigen Grund vorkehren. (Immer neue Glaubwürdigkeiten zu erfinden, war meine in der Familie geschätzte Spezialität.) Seit Kriegsbeginn fuhr keine Bahn mehr in unser Dorf, und von Colmar waren es 10 Kilometer, die man zu Fuß zurücklegen mußte, wenn nicht unterwegs ein barmherziges Militärfuhrwerk einen auflud. Wie oft und wie gerne hat man – auch zweimal am Tage – diese Strecke durchwandert!

Am letzten Tag des August kam unerwartet meine Mutter mit meinen jüngeren Brüdern, der älteste war eingezogen und zur Ausbildung in Posen. Man munkelte von großen Angriffen auf der ganzen Westfront, die den Krieg beendigen sollten. Wer wußte, was kommen würde? Man wollte einmal noch im alten Pfarrhaus zusammen sein. Aber noch am gleichen Abend gegen 9 Uhr ließ der Ortskommandant sich bei Großvater melden: man erwarte oben am Lingekopf einen französischen Angriff, und es sei seine Pflicht, den Großvater zu bitten, alle, die nicht unbedingt in seinem Hause sein müßten, noch vor der Nacht wegzuschicken. Es sei ihm dies sehr leid, vor allem wegen des heimgekehrten Sohnes – und ein Fuhrwerk könne er zu seinem Bedauern nicht zur Verfügung stellen.

Ein bitterer Abschied von den zwei Lieben, die im Pfarrhause zurückblieben. Wir machten uns auf den Weg talauswärts, zu Fuß – mein armer Onkel mit 39 Grad Fieber. Er war seit ein paar Tagen nicht wohl, hatte vermutlich auch Schmerzen, über die er nicht gesprochen, die aber nun beim Marschieren auf der Landstraße zusehends heftiger wurden. Er konnte sie nicht mehr verbergen. Um ihrer Herr zu werden, schimpfte er wie ein Rohrspatz über sämtliche

Staatsmänner der Welt, die den Krieg nicht verhindern und ihn auch jetzt nicht beendigen konnten. – «Was hast denn du in deinem Deckelkorb?» – er zeigte auf das Körbchen an meinem Arm. «Liebesbriefe, eine Predigt von dir und mein Waschzeug.» Da mußte er trotz seiner Schmerzen lachen.

Nach 6 Kilometern konnte er nicht mehr weiter. So blieben er und seine Frau auf der Hammerschmiede in Walbach über Nacht, wo man versprach, sie am nächsten Tag mit einem Fuhrwerk nach Colmar zu bringen. Uns andern erlaubte der Ortskommandant von Walbach, gegen Mitternacht in einen leer zurückfahrenden Munitionszug einzusteigen.

Auf einer Bahre trug man Onkel Bery anderntags in den Zug nach Straßburg, wo er sich sofort einer Darmoperation unterziehen mußte. Ein Amöbenabszeß – sagte man uns.

*

Im Dorf kamen dunkle Tage. Ich lebte wieder beim Großvater, denn «min Gretele» hatte Schmerzen in den Knien und die junge Magd lag krank. Wir sahen die deutschen Truppen abziehen, still – die Offiziere im Haus verabschiedeten sich bedrückt. Noch am 9. November wurde mit schwerem Kaliber geschossen – am 10. hatte der deutsche Kaiser abgedankt und waren die Kapitulationsbedingungen veröffentlicht worden. Das war das Ende von Kanonengebrüll, von Angst und vielem Sterben.

Mit Clairons und Fanfaren zogen die französischen Truppen ins Dorf. Die Nachbarin hatte aus Tannenkränzen einen Triumphbogen über die Straße gespannt – viel zu nieder, der Großvater lachte. Er ging dem Ersten einer berittenen Vorhut gerade bis an die Brust, und er riß ihn entzwei. Die Begeisterung der Bevölkerung wartete draußen in der Ebene auf die Sieger – im Dorf lag das Erlebte noch schwer über den Menschen.

Die französischen Offiziere, die im Pfarrhaus einquartiert wurden, legten sich in die Betten der Abgezogenen. Weil die Leintücher nicht reichten, richtete ich sie mit den großen, handgewobenen Tischtüchern.

Der Waffenstillstand vom 11. November 1918 gab unserm Tal seinen Frieden wieder. Am 14. Januar 1919, Onkel Berys Geburtstag, ist in Straßburg sein Kind geboren, ein kleines Mädchen mit dunklen Augen und schwarzen Haaren, die von allem Anfang an sich eigenwillig zu ringeln begehrten. Es erhielt den geheimnisvollen Namen Rhena. An einem blauen Septembersonntag, als in den Reben die ersten Trauben reiften, durfte ich es in die Günsbacher Kirche zur Taufe vor seinen Großvater tragen.

*

Als das Elsaß aus deutscher in französische Verwaltung überging, versah mein Onkel das Pfarramt an der Kirche St. Nicolai in Straßburg allein (der eine Pfarrer war wegen antideutscher Gesinnung von den Deutschen entlassen worden, der andere wurde wegen antifranzösischer von den Franzosen abgesetzt). Er wohnte im Pfarrhaus am Nicolausstaden und nahm – um leben zu können – eine Assistentenstelle am Bürgerspital an, wo er zwei Frauensäle in der dermatologischen Klinik zu betreuen hatte und mit «seinen Damen» augenscheinlich recht gut auskam. Es war die Zeit, da er in seiner Straßburger Abgeschlossenheit sich «wie der Groschen vorkam, der unter die Kommode gerollt und dort vergessen worden ist». Es war auch die Zeit, da er gar oft mit einem Rucksack voller Lebensmittel über die Rheinbrücke wanderte – eine bei den Zöllnern bekannte Persönlichkeit – um den Freunden im hungernden Deutschland etwas zukommen zu lassen. Zu den Empfängern gehörten der alte Maler Hans Thoma und Frau Cosima Wagner.

Da kam, völlig unerwartet, aus Schweden der Ruf des Erzbischofs Nathan Söderblom an ihn, Vorlesungen an der Universität Uppsala zu halten. Ein Stern ging am Himmel auf. Mein Onkel wählte als Thema: «Die Ethik in der Philosophie und in den Weltreligionen», und in der letzten Vorlesung legte er die Grundprinzipien seiner Ethik der Ehrfurcht vor dem Leben der Öffentlichkeit zum erstenmal dar. Er fand ein Echo, und die Menschen in Schweden öffneten ihm Herzen und Hände. Er hielt Vorträge an vielen Orten und gab Konzerte auf wundervollen alten schwedischen Orgeln.

Schweitzer wußte, daß, wenn er sein Lambarene-Spital noch einmal sollte aufbauen können, er die Mittel dazu sich selber beschaffen mußte. Bevor er aber daran denken durfte, galt es, die Schulden bei der Pariser Missionsgesellschaft zu bezahlen, die er während des Krieges für den Weiterbetrieb des Spitals hatte machen müssen, und die ihn sehr bedrückten. Da kam aus Schweden eine frohe Botschaft:

Lysekil, 13. 6. 20

«Hier am Meer, in paradiesischer Landschaft, habe ich Deinen lieben Brief bekommen und schreibe Dir morgens um 6 Uhr auf der Fahrt von Lysekil nach Karlstad. Ich bin gewissermaßen von der schwedischen Kirche adoptiert und darf mich der Gewißheit hingeben, daß ich mit ihrer Hilfe mein Werk in Lambarene fortsetze. Was sagst Du dazu? Wenn man mir gesagt hätte, daß ich einst bei den Schweden Zuflucht finden würde...!»

Dann, ein paar Tage später:

«... Was machst Du diesen Sommer? Ich bin Juli und August in Straßburg, ganz allein. Kommst Du ein wenig bei mir wohnen? Es ist nicht des Ménages wegen, denn das kann ich selber machen, sondern nur, daß wir ein wenig still zusammen leben. Denn wer weiß, wann wir wieder einmal in Ruhe miteinander sind. Ich bin sehr müde von der Reise. Aber gestern habe ich der Pariser Missionsgesellschaft die 17 000 frs, die ich ihr schuldete, schicken können. Was das bedeutet, kannst Du nicht ahnen.

Daß Du mir meinen Kleiderschrank ausgeschwefelt hast, ist brav.

Ich bin langsam wieder ein ganz anderer Mensch, wie eine Tanne, die sich aufrichtet, nachdem sie die Schneelast abgeschüttelt hat.»

Der Wiederaufbau des Spitals war aus dem glühenden Wunsch in die Nähe einer möglichen Verwirklichung gerückt. Es galt nur, Geld zu verdienen. Mein Onkel begann zu reisen, und auf diesen Konzert- und Vortragstourneen, – in europäischen Städten wie in elsässischen Pfarrdörfern – warb er um Interesse, Teilnahme und Hilfe für sein Werk – und fand sie. Es waren mühsame Reisen, wie schon immer wurde an Bequemlichkeit jeder Centime gespart. Von jeher ist Schweitzer spartanisch mit sich selbst umgegangen – er fuhr dritte Klasse nur da, wo es keine vierte gab.

1924 war es so weit. Albert Schweitzers Abschiedspredigt am 10. Februar in der Günsbacher Kirche hatte den Text: «... er zog aber seine Straße fröhlich.» (Apostelgeschichte 8,39). Dann reiste mein Onkel zum zweitenmal nach Afrika, um die Hütten wieder aufzubauen, über die längst Gras gewachsen war, und seine Arbeit ein zweites Mal zu beginnen. Bei diesem zweiten Aufenthalt in Lambarene wurde das ganze Spital neu gebaut und zwei

Kilometer flußaufwärts verlegt. Dann folgte 1927 bis 1929 ein zweijähriger Aufenthalt in Europa, prall gefüllt mit Vorträgen und Konzertreisen zur Sicherung des neuerstandenen Werkes. 1928 erhielt mein Onkel den *Goethepreis der Stadt Frankfurt,* und mit diesem Preis, das heißt mit dem damit verbundenen Geldgeschenk, konnte er sich den großen Wunsch erfüllen, in Günsbach nicht nur den Felsen auf dem Kanzrain, sondern eine «bleibende Statt» zu besitzen. Er baute sein Haus im Schönenbach, unter den alten Nußbäumen, an dem Sträßchen, das einst des Knaben täglicher Schulweg nach Münster gewesen ist. Seine Stube im Erdgeschoß mit dem eisernen Bett und dem tannenen Arbeitstisch am Fenster ging auf das Sträßchen hinaus. Er sah die Günsbacher Heu einfahren und die ersten Kartoffeln oder frühen Äpfel heimtragen, zur Fabrik gehen und von der Fabrik heimkommen – und keiner, der nicht ins Fenster schaute und einen Gruß wechselte mit dem Manne am Schreibtisch, der zu ihnen gehörte. «Mein Haus hat Goethe mir geschenkt», sagte Onkel Bery.

Die Ernte der Arbeit am Schreibtisch war in diesen Jahren zum Druck gekommen. 1921 war «Zwischen Wasser und Urwald» erschienen – in drei Wochen hatte er das Buch «hingelegt» – 1923 wurden der erste und zweite Band der Kulturphilosophie herausgegeben, 1924 folgten die Erinnerungen «Aus meiner Kindheit und Jugendzeit». Bisher hatte die große Presse keinen Finger für sein Werk gerührt –

viel später erst fingen Presseleute an, vom «Heiligen des Urwalds», vom «Saint de la Brousse» zu schreiben. Was hätte der Großvater gesagt!

Noch konnte mein Onkel sich lachend darüber lustig machen: «Ich bin fast so bekannt wie ein Preisboxer» – erst Ende der vierziger Jahre bekam er den Fluch der Popularität zu spüren. Es begann damit, daß die amerikanische Zeitschrift «Life» einen großen Bericht über ihn und sein Werk unter dem Titel veröffentlichte «The greatest man of the world». Dann erhielt ich von einem amerikanischen Verleger ein bei ihm erschienenes Buch über Schweitzer zugeschickt, auf knallroter Bauchbinde die Life-Schlagzeile: «The greatest man of the world». Ich erschrak. Wer Schweitzer kannte, der sah, hörte, spürte seine Wut! Schon sehr bald kam von dem gleichen Verleger ein höflicher Brief des Inhalts, er müsse sich bei allen, denen er das Buch mit der knallroten Bauchbinde geschickt, dafür entschuldigen – das habe Schweitzer von ihm verlangt, der von diesem Propagandatext keine Ahnung hatte.

Erbarmungslos ist der Fluch der Popularität. Presse, Radio und Film bemächtigen sich eines Menschen und fragen ihn nicht, ob ihm das recht sei. Journalisten notierten mit Vergnügen, daß der berühmte Mann bei jeder Ausreise nach Afrika und jeder Rückkehr den gleichen alten Hut trage, daß er dritter Klasse reise, daß er kein Portemonnaie besitze noch besitzen wolle und zum maßlosen Erstaunen des Mannes am Billettschalter oder des Tramkondukteurs immer erst umständlich das weiße Leinensäcklein aufbinden müsse, in dem er sein Geld verwahre. Schweitzer ertrug die Popularität, weil er wußte, daß sie die Quelle speist, aus der die Mittel fließen – auch die für den Betrieb seines Spitals.

Mein Onkel war jetzt berühmt, und in Günsbach merkten wir das. Es kamen immer mehr Besucher in das Haus im Schönenbach, aus allen Ländern des Kontinents und aus allen Erdteilen kamen sie. Prominente Menschen, bedeutende Menschen – und andere. Sie verehrten ihn, sie liebten ihn – mir aber nahmen sie den Kanzrain weg und den Platz auf der Orgelbank. Wieso ich dazu kam, meinem Onkel darüber zu schreiben, als er wieder in Afrika war, und was ich geschrieben habe, weiß ich nicht mehr. Die Antwort, die damals kam, liegt vor mir. «Soll ich Dir sagen: wenn's geropft isch, felle's d'Schwowe mit Äpfel und d'andere Lit mit Keschte* – ce qui est une fine transcription von: Du bisch doch en Erzgans! ... Für mich gibt es keine Wandlung. (...) Was mir Deine beiden Töchter sind, ermiß daraus, daß ich meine beiden Enten nach ihnen benannt habe. (...) Überhaupt kannst Du anstellen, was Du willst, Du bleibst immer die Gleiche für mich. Kommst Du ins Gefängnis, so werde ich Dich lieb abholen, wenn Du Deine Zeit abgesessen hast. (...) Auf Wiedersehn auf dem Felsen und auf dem Friedhof in Günsbach. Immer Dein alter, treuer Bery.»

* Wenn sie gerupft ist, füllen die Schwaben (Deutschen) sie mit Äpfeln und die andern Menschen mit Kastanien.

Ich war beschämt und doch glücklich. – Das Abholen an dem Gefängnistor habe ich ihm erspart.

Das Pfarrhaus war mit Großvaters Tod für uns verschlossen. «Min Gretele» war zum «reichen» Schweitzer nach Paris gezogen und umsorgte ihn, wie sie den Großvater umsorgt hatte. Zum Dank baute er ihr in Günsbach ein Haus, auch dies im Schönenbach, gegenüber dem schlichten Heim, das Schweitzer sich erstellt hatte. Nun waren wir wieder daheim im Dorf. Und so, wie ich als Kind in jeden Ferien nach Günsbach gekommen war, so kam ich nun mit meinen Kindern in Ferienzeiten in die Heimat zurück. Auch für sie konnte es nichts Schöneres geben, als die Ferien in unserem Dorf.

«Es freut mich so sehr», hieß es da in einem Brief aus Lambarene, «daß mein Haus Euch etwas Heimat in Günsbach bietet. Nur schade, daß ich das nicht mitgenießen kann. Ich bin nun wieder über anderthalb Jahre hier und habe mich noch nicht weiter als fünf Kilometer vom Spital entfernt und niemals mehr als einige Stunden. Ich glaube, es bekommt meinem Geist und meiner Arbeit gut. Da macht mir dann das Hin und Her, das jetzt in Europa kultiviert wird (Volkswagen etc.), einen merkwürdigen Eindruck. C'est un grand malheur spirituel, que tout le monde ait toujours le derrière en l'air (frei nach Laotse). – Um die philosophische Arbeit zu unterbrechen habe ich afrikanische Geschichten ernsten und heiteren Inhalts niedergeschrieben. – Sage Deinen beiden Töchtern, wie lieb ich sie habe. – Es ist doch schön, daß der alte Bery sich noch so munter aufrecht hält!»

Am schönsten war es, wenn unsere Ferien in Onkel Berys Europaaufenthalte fielen. Ich erinnere mich an Herbstferien: die Weinlese ist vorbei, die ersten Kartoffelräuchlein ziehen durchs Tal. Es riecht nach verbranntem Kraut und herb nach zerfetztem Nußlaub. Man schlug die Nüsse vom Baum. Wir bekommen die allerletzten Zwetschgen geschenkt, ganz schrumpelige, so wie Großmutter sie gern hatte, und großbeerige süße Trauben, die schon in irgend einer Kammer an Fäden aufgehängt waren. Im Wald beginnen die Kastanien zu platzen, der Schlehdorn auf dem Felsen hat blaue Früchte, und seine Blättchen sind rot geworden. Im sinkenden Abend fließt die Sanftheit von den Hügeln – ein weicher grauer Nebel – es versinken in ihr die Reben und die Bäume, die weidenden Kühe und das Dorf. In matterleuchteten Ställen bewegen sich Menschen. Sie reden hier eigentlich nie viel, aber an Herbstabenden, so dünkt mich, bewegen sie sich stiller noch und lautloser. In der Nacht fällt ab und zu eine vergessene Nuß vom Baum und tropft in die große Stille. Und drüben, aus deinem Fenster, Bery, leuchtet die Lampe deines Arbeitstisches in die Nacht, lang... lang... dort sitzest du und schreibst, und es ist wundervoll einzuschlafen in dem Gefühl, daß der alte Bery überm Dorf wacht.

In seinem Haus waltete ein guter Geist: Frau Emmy Martin, seine bedeutendste und vertrauteste

Mitarbeiterin, die es zum gastfreundlichsten und für die Freunde aus aller Welt stets offenen Haus gemacht hat. In der Wärme, die ihre Mütterlichkeit ausstrahlte, in der gepflegten Atmosphäre ihrer Stuben mit den schönen alten Möbeln und Bildern, fühlte man sich wohl. Wie oft haben wir im ganz kleinen Kreis um Onkel Bery an ihrem Tisch gesessen! Da war er daheim, da war er entspannt, da erzählte er von alten Zeiten und mit dem ihm eigenen Humor und der sprachlich so plastischen Darstellung die köstlichsten Anekdoten. Auf fast allen seinen Reisen hat Emmy Martin meinen Onkel begleitet, auf der ersten Hollandreise und in Basel, Bern und Zürich registrierte sie die Orgel. Sie hat bis in ihr hohes Alter wohl ein dutzendmal die Reise nach Lambarene gemacht, und immer gleich natürlich und einfach jeden Gast im Günsbacher Haus empfangen, ob es nun die Königinmutter Elisabeth von Belgien war, die jeden Herbst für ein paar Tage erschien, ob es Thornton Wilder, ein Professor aus Japan, wo Schweitzer jedem Kind vertraut ist, weil von ihm in jedem Schullesebuch steht, oder englische Quäker waren, die ihren Pilgerweg zu Schweitzer von Paris nach Günsbach zu Fuß zurückgelegt hatten. Heute ruht Emmy Martin auf dem Günsbacher Friedhof.

Stammgast in Günsbach war von Anbeginn und ist noch heute Robert Minder, der mit Schweitzer eng verbundene Freund, der «im Herbst 1919 den altmodischen Glockenzug eines alten Straßburger

Hauses am Niklausstaden 5 in Bewegung versetzt hatte, eingelassen wurde, Albert Schweitzer die ‹Chromatische Fantasie› ausgerechnet in der romantischen Fassung von Ferrucio Busoni vorspielte und dennoch als Klavierschüler angenommen wurde» – wie er selber schreibt. Heute ist er Professor am Collège de France in Paris und einer der glühendsten Wegbereiter von Schweitzers geistigem Erbe. Ich erinnere mich an die Zeit, da er, Germanist, seine Doktorarbeit über Ludwig Tieck schrieb. Es war in jenem Sommer so heiß, daß er mir die ersten Kapitel im Günsbacher Keller in die Maschine diktierte.

In den Ferien, wenn mein Onkel da war, begab es sich allemal, daß wir zusammen von zwei alten Schwestern aus dem Dorf zu einem feierlichen «goûter» eingeladen wurden. Alles, was unter seinem Dach wohnte, war miteingeladen. Mager war die eine, und alles an ihr war spitz, Nase, Kinn und Schultern, die andere klein und rund, an ihr glänzte alles von Freundlichkeit und Fett, Augen und Scheitel, Backen und Arme. Sie erinnerte mich immer an die mit Speckschwarte abgeriebenen farbigen Ostereier, die wir als Kinder in ihrem Kramlädchen hatten suchen dürfen – in den dunklen Holzschubladen lagen sie, auf Reis und Zucker, Mehl und Salz. Vor diesem «goûter» gab es daheim jeweils ein höchst frugales Mittagessen, denn: das «goûter» begann mit Schinken und Brot, ging weiter über Milchkaffee und einen riesigen, meist noch ofenwarmen Gugelhopf zu Vanillecrème, auf der Schneeballen schwammen. Am Schluß aber, wenn es schon über unser aller Kraft ging, erschien der obligate Mirabellenkuchen. Es war eine harte Prüfung. Die guten Dinge mußten gelobt werden, im Chorus, soviel man nur loben konnte. Die rührenden Frauen wurden nicht fertig mit Nötigen, und wenn mein Onkel verzweifelt erklärte, daß er – trotzdem alles «excellent» – doch nun am Ende seiner Aufnahmefähigkeit sei, wurden unweigerlich die Lippen der Mageren schmal wie ein Strich und die Augen der Runden traurig: «Es isch Ena allawaij net güat genüa!»

Wir werden uns revanchieren, erklärte mein Onkel. So geschah es. In seiner Küche wurde gebacken, daß es bis ins Dorf hinein duftete – Kuchen und Käsestengel, Plätzchen und Butterkonfekt und – natürlich –. ein Mirabellenkuchen. Die Schwestern wurden eingeladen, die leckern Dinge angeboten. Wir nötigten wacker, so wie wir es bei ihnen gelernt hatten, und als die guten Frauen nun ihrerseits gestehen mußten, daß sie auch nicht das winzigste Schwabenbrötchen mehr aufnehmen könnten, da sagte Onkel Bery mit niedergeschlagenen Augen und geradezu echter Resignation: «Es isch Ena allawaij net güat genüa!» An dieser Retourkutsche haben wir uns wie die Spitzbuben gefreut.

Was hatte Onkel Bery für einen Spaß, als meine tanzlustige Jüngste sich einen Grammophon besorgte und mit einem großen Schild am Gartentor verkündete: «Bal dö Champaidre»! Er spendierte eine heimlich aus Münster bestellte Glace zu diesem «Bal champêtre», und abends erschien er mit den Studenten, die bei ihm zu Gast waren, und sah mit größtem Vergnügen zu. «Zwei rote Lippen und ein roter Tarragona, das ist das Schönste in Barcelona...» das war damals der «hinreißendste Tango», und den wollte er – «um mich zu bilden», wie er sagte, mit allen Figuren vorgeführt bekommen.

Für Vollmondwanderungen, auch wenn wir um 2 Uhr morgens erst heimkamen, hatte Onkel Bery größtes Verständnis. Einmal haben wir ihm dazu die Cembalistin Alice Ehlers, das «Cembalinchen», das bei ihm zu Gast war, entführt.

Jetzt saßen meine Töchter mit ihm auf dem Kanzrain.

*

Die Jahre flossen. Zwischen dem vierten, fünften und sechsten Aufenthalt in Lambarene (1933 bis 1939) kam er immer wieder ins Elsaß – und oft ist er auch in Zürich erschienen, «um meine Füße wieder einmal unter deinen Tisch zu stellen».

1939 war Albert Schweitzer wiederum zu einem «Erholungsaufenthalt» nach Europa gekommen. Nach 14 Tagen schon brach er ihn ab und reiste zurück. Ich habe ihn damals nicht gesehen und sollte ihn nun bis 1948 nicht mehr sehen. Er hatte, kaum in Europa, die internationalen Spannungen gespürt, er hörte, was seine deutschen Freunde ihm nicht zu schreiben gewagt hatten. «Der verrückte Kerl will den Krieg» – und der Krieg kam.

Palmsonntag 1940, der Konfirmationstag meiner Tochter. An diesem Tag schrieb Onkel Bery in Lambarene: «J'ai été en pensées toute la matinée avec vous. J'étais assis sur l'escalier du radeau d'accostage au fleuve. On entendait le clapoti des vagues, les cloches de la mission catholique – et je pensais à ma propre confirmation. Après on est venu me chercher pour l'hôpital. Doucement le vent agitait les branches de nos beaux palmiers... Alors c'était midi. Et je me suis figuré comme vous rentrez, comme on sert un verre de Malaga... et j'aurais voulu me mettre à table avec vous au lieu de présider la table de l'hôpital.»

Lambaréné, 9. 5. 40

«... Tu ne te fais pas idée de l'effort, que j'ai à faire pour faire marcher la boîte et tout le monde dans ces temps troublés... Il faut que je pense à tout, que je prévoie tout, que je surveille tout, que j'écoute des lamentations souvent stupides de ceux, qui ne veulent pas réaliser que c'est la guerre, que je reste calme et souriant devant ceux qui sont enervés, que je porte toujours la tête haute, que j'aie de l'entrain... et que je trouve encore des heures de recueillement pour travailler à la philosophie. J'ai été doté de bons nerfs, et cela va. Mais combien de temps serai-je encore obligé de fournir cette énergie? Quand pourrai-je reposer à Günsbach? Car j'ai la nostalgie de pouvoir une fois prendre du repos, d'être pour moi, de vivre pour moi. Tous les jours manger à une table de 20 personnes, écouter le bruit de la conversation, faire de la conversation, mettre de l'entrain quand les gens sont grognons ... Mais alors quand je vois les pauvres malades qui partent guéris je suis réconcilié avec mon sort.»

Dieser Brief hat mich damals traurig gemacht, – heute, da ich ihn wieder lese, ist das Erbarmen mit dem, der ihn schrieb, noch größer. Mein Onkel litt unter seiner «Nichtverfügbarkeit» – sein Leben war so geworden, daß er es im Sinne seiner eigenen Forderungen nicht mehr bewältigen konnte. Das Wort Verfügbarkeit hat er gewiß nicht gekannt, es ist ein modernes Wort und steht für eines unserer großen heutigen Probleme: Verfügbarkeit für sich selbst – Verfügbarkeit für die Mitmenschen. Einst hatte ich einen Onkel, für den Verfügbarkeit kein Problem war. Er war da für jeden, der ihn brauchte, der ihn rief. (Es war gewiß nicht wie heute, da ein Mensch, der in einer Not an den andern, den Seelsorger, den Freund sich wendet, diesen andern in seiner Agenda blättern sieht oder hört, bis endlich die halbe Stunde gefunden, die nicht schon im voraus vergeben war!) Onkel Bery stellte diese Verfügbarkeit allem andern voran – für die Mitmenschen am Tage, für sich selbst – so denke ich – in der Nacht. Denn seine Gesundheit und sein zäher Wille erlaubten es ihm, in einem seltenen Maße Wachsein dem Schlafe abzulisten. – Das aber, was uns Heutige als Problem bedrückt, das kommt in diesem Brief aus Lambarene zum erstenmal in dieser Weise zum Ausdruck.

                          Lambaréné, 4. 8. 40

«Ici nous avons de quoi vivre, ne vous faites pas de soucis. Je n'interromps pas le travail de philosophie. Les après-midi il faut que je les passe au jardin, car celui-ci est maintemant très important. Nous faisons aussi de la farine de maïs. Heureusement que nous avons un petit moulin dont les voisins profitent aussi. Le savon nous le faisons nous-mêmes et nous nous procurons en échange des choses qui nous sont utiles. Naturellement tout notre travail continue.
J'éspère que ces nouvelles vous arriveront. Mais quand se reverra-t-on? Et comment se reverra-t-on? Pour mois je pense que je serai obligé de vivre dans le village de Schneider Schorsch – autant que je puis juger d'ici. Mais peut-être sera-t-on encore une fois ensembles et un peu heureux. Que ce serait beau ...»

Die meisten Briefe meines Onkels in jenen bitteren Jahren gehen um Menschen, um jüdische Freunde, denen man helfen, für die man alles tun soll, was man kann. «Geh auf die Fremdenpolizei nach Bern und mache was Du kannst, damit...» ach er hatte keine Ahnung, wie schwer das damals war! Er wußte nicht, daß man dort weinend die Türe hinter sich schloß ... Etliches habe ich erreicht, was er so bestimmt von mir erwartete, längst nicht alles! Für ihn war die Schweiz das letzte Paradies auf der Welt, er wußte nur nichts von den Erzengeln, die das Tor bewachten.

Seine Tochter hatte mit ihren drei Kindern Paris verlassen und war in den Süden geflohen. Schweitzers Wunsch war, daß sie in die Schweiz kommen dürfe. Mit Hilfe des verstorbenen Regierungsrats Briner, dem ich die ganze Angelegenheit ans Herz legen durfte und der mit Güte und Klugheit erreichte, was andere nicht erreichten, gelang es, die Familie in die Schweiz zu bringen. Sie kamen mit großen Schwierigkeiten über die Grenze, als Frankreich schon ganz besetzt war – im letzten Moment. –

Schweitzers Frau hingegen hatte mit einer Zähigkeit ohne gleichen alles in Bewegung gesetzt, um zu ihrem Mann nach Lambarene zu kommen. Sie wußte nicht, wie der Krieg enden würde, sie wollte bei ihm sein. Durch Minister Stucki, den Schweizer Botschafter bei der Pétain-Regierung in Vichy, ist es ihr gelungen, in einem Zeitpunkt, da alle Grenzen geschlossen waren, über Portugal und die portugiesische Kolonie Angola im Sommer 41 nach Lambarene zu kommen.

Als mein Onkel endlich 1948 nach Europa zurückkam, erwarteten ihn auf dem Zürcher Bahnhof vier Enkelkinder, die er nie gesehen hatte, und hielten sich an den Händen. Noch steht das Bild vor mir: der ergraute Mann, der aus dem Wagen stieg und ergriffen auf die Kinder zuging, die ihn scheu bestaunten. Anderntags hat er in der Wohnstube in Männedorf alle seine vier Enkel getauft – Paten wurden wir, die da waren.

1949 reiste mein Onkel in die Vereinigten Staaten, um zu Goethes 200. Geburtstag in Aspen die Festrede zu halten – per Schiff, wohlverstanden, er hat nie ein Flugzeug bestiegen. Im gleichen Jahr ein neues Abschiednehmen – er fuhr zum achtenmal nach Lambarene.

In Straßburg, an einem Novembertag, brachten wir zusammen seine unzähligen «Kantinen» (Blechkoffer) zum Bahnhof, deren Buchstaben ASB (Albert Schweitzer-Bresslau) für die Schwarzen «die Initialen des lieben Gottes über Äquatorialafrika» waren. Ich kam gerade aus Deutschland, wo ich Flüchtlingslager der Heimatvertriebenen, Polen und Deutschen, besucht hatte. Ergriffen hörte er meiner Schilderung zu. Als ich im Laufe des Gespräches klagte, daß ich mit manchen Deutschen mich einfach nicht mehr verstehen könne, weil sie nur über die französische Besetzung jammern und für sie die Weltgeschichte anno 1945 zu beginnen scheine, wo doch alles, was von da an geschah, nur die Konsequenz des Vorhergegangenen sei und nichts im Vergleich zu dem, was Hitler verbrochen habe, – da sah er mich an, gütig wie immer: «Wo hast Du Deine Augen? Vorn oder hinten im Kopf? – Weltgeschichte muß man nicht verstehen wollen, gib Dir keine Mühe... es kommt nur darauf an, vorwärts zu schauen und ohne Blick auf das, was hinter uns liegt, das Gute überall da verwirklichen zu helfen, wo es in leisen Ansätzen sich zeigt.» – Das war eine Lektion; sie zu verwirklichen, schien mir nicht einfach.

Lambarene, 17. 5. 50

«Ma chère, Es ist der Abend vor Himmelfahrt. Da bringe ich so gegen Mitternacht ein Viertelstündchen auf, um Dir zu schreiben. Ich muß Dir nämlich für die Zürcher-Zeitungs-Ausschnitte danken, die Du mir schickst. Eben höre ich ein großes Motorboot auf dem Fluß. Wenn es sich nur nicht untersteht, im Spital anzulegen und mir einen Fall für eine dringliche Operation abzuladen! obwohl mir dies nicht mehr so viel ausmachen würde wir vor einiger Zeit, da ich nicht mehr die Verantwortung für die Chirurgie trage, sondern sie auf den Saarländer Chirurgen abgeladen habe. Mit welchem Uebergang ich nun auf feine Weise dazu komme, Dir über das Spital zu schreiben. Das fängt nun an, tüchtig zu laufen, auf Touren zu kommen. Dr. P und Dr. N. sind tüchtig und lieb. Sie lassen sich von mir dazu bringen, den Dienst in meinem Geiste und der bestehenden Tradition zu tun. Von morgens bis abends bin ich Tag für Tag im Spital unten, mich um alles kümmernd und darüber wachend, daß keine Neuerungen eingeführt werden. Dies ist die große Gefahr für den Betrieb, denn vor Ablauf eines Jahres können die Neuen den Sinn des Betriebs, wie er ist, nicht richtig einsehen. Also Du kannst Dir vorstellen, wie meine Pedanterie da Orgien feiert – und mit gutem Gewissen. Und der Dr. G., der als Instruktor für Chirurgie für 8 Monate da ist, unterstützt mich, denn er findet, daß der Betrieb rationell ist. Und Emma, Köcheli, Ali und Gloria jubilieren, daß der Patron da ist, alles in der Hand hat und seinen milden, rationellen, ethischen Imperialismus walten läßt. Wenn das so weiter geht, kann ich anfangen, in Ruhe an mein dereinstiges Abscheiden aus dieser Welt zu denken, weil ich Mitarbeiter habe, die mein Werk in meinem Sinne weiterführen werden. Das ist eine große Beruhigung für mich. – Nun heißt es aber schließen, ‹die Mitternacht rückt näher schon ...› Grüße an Deinen Mann, der mich so schön gemalt hat, und an die Kinder. Und hoffentlich auf Wiedersehn.

Mit Deinen Zeitungsausschnitten leistest Du mir einen großen Dienst. Sie helfen mir, mich auf dem Laufenden zu halten – und ergänzen den Boten aus dem Emmental mit der literarischen Beilage ‹Das Alpenhorn›.»

Am Weihnachtstag 1950

Chère, ich habe Dir zu danken für Quittengutzele, Dein Pariser Buch, die Vorträge, die Du über das Spital gehalten hast. Ach, die Quitten sind nicht nur sehr gut, sondern auch eine Erinnerung an die schönen alten Zeiten. Dein Pariserbuch ist fein. Du verstehst es, die Atmosphäre von Paris «einzufangen», wie man jetzt in litarischen Besprechungen sagt. Cela a du charme. Der Artikel über Sartre ist sehr «prenant». Ach, wenn er den schwarzen Bruder kennen will, dann soll er für drei Monate zu mir kommen und die Aufsicht über die Arbeiter und die Anverwandten der Kranken, die in der Pflanzung arbeiten, übernehmen. 6.30 bis 7.30, 8.00 bis 12.00, 14.00 bis 17.30. Da kann er Blicke in ihre Seele tun und sie ganz kennen lernen. Da lernt er dann auch den Weißen und seine Stellung zum Schwarzen kennen. Er darf allen meinen Leuten als Bruder begegnen. Als Reisender lernt er die Leute nicht kennen, nur als einer, der mit ihnen arbeitet, kann er ihre Psyche erfassen.»

Lambarene, 13. Mai 1952

«Ma chère, Da so viele Briefe zwischen Afrika und der Schweiz verloren gehen, schicke ich Dir hier ein Doppel der Vorrede* mit der Weisung, sie in den Papierkorb zu werfen oder einem Autographensammler zu schenken, wenn sie nicht passend erfunden wird. – Ich danke Dir, daß Du Vorträge für mein Werk hältst, ich kann es arg gut brauchen, denn die 400 Mäuler der Leprösen, die jetzt zu den übrigen Kranken täglich hinzukommen, sind ein

---

* Es handelt sich um ein Vorwort zu Nettie Sutros Buch «Jugend auf der Flucht».

furchtbares materielles Problem, besonders auch da die englischen Devisenverordnungen es mir seit längerer Zeit unmöglich machen, daß ich von dort, wie früher, Geschenke erhalte. Ich habe etwa 20 000 kg Reis kaufen müssen, da man nicht weiß, ob später noch Gelegenheit, Reis zu haben, vorhanden sein wird. (...) Ich habe diesen Einkauf gemacht, weil ich im Juli für einen kurzen Aufenthalt nach Europa muß und andern nicht die Responsabilität dieses großen Einkaufs überlassen möchte.»

*

Im Jahre 1951 hatte Albert Schweitzer den *Friedenspreis des deutschen Buchhandels* erhalten, der ihm durch Bundespräsident Theodor Heuss am 16. September in der Paulskirche zu Frankfurt überreicht wurde. Er schickte mir später die Rede von Heuss.

Aus dieser Rede, die trotz der vielen Zuhörer wie eine persönliche Unterhaltung zwischen dem Bundespräsidenten und dem Preisträger wirkte, möchte ich – da sie nicht leicht zugänglich ist – einige Stellen zitieren. Theodor Heuss und Schweitzer kannten sich seit 40 Jahren. Schweitzer war in Straßburg die Mitte eines Freundeskreises gewesen, zu dem Heuss sich gesellte. Dort lernte er Elly Knapp, seine spätere Gattin kennen. Mein Onkel hat sie beide getraut. In diesem Kreis war Schweitzer «beruflich eine Merkwürdigkeit», denn er war Pfarrer und

Theologiedozent, stand vor dem medizinischen Physikum und hatte bereits ein Buch über Bach geschrieben. Für Heuss war es erstaunlich, daß man unter den Freunden «Schweitzers Reichtum an Begabungen als Gegebenheit nahm».

«Es waren in Ihnen und blieben in Ihnen viele Möglichkeiten angelegt, lieber Schweitzer, aber ich glaube, nie die des Romantikers, auch wenn mancher Sie gerne romantisch sehen möchte. Sie sprechen in ihren Erinnerungen davon, daß Sie ein ‹verträumtes Kind› gewesen seien, aber Sie wurden ein Mann des sehr wachen Bewußtseins und des praktischen konkreten Entschlusses.

Sie standen damals vor dem großen Abenteuer Ihres Lebens, in die Fährnisse und Nöte des Urwalds zu gehen zu dem armen Lazarus mit der schwarzen Haut, mit seinen Krankheiten und Seuchen, seinen Ängsten der Seele. Das Wort Abenteuer würden Sie wohl damals abgelehnt haben ... also kein Abenteuer, aber ein großes Wagnis, das nicht die Selbsterhöhung, sondern die Sacherfüllung suchte und fand ...

... Es mochte Ihnen nicht unwillkommen sein, daß der Weg, auf dem Ihr eigenes Herz zur Ruhe kommen sollte, wohl in andern Herzen Unruhe weckte, aber doch nicht bloß Unruhe weckte, sondern auch Trost brachte. Denn in den verdammten und verderbten Jahren war Ihr Name, Ihr So-Sein und Ihr Da-Sein für Zahllose in der ganzen Welt Trost und Ruhe ... Ihr Buch über die Leben-Jesu-

Forschung ist aus der umgrenzten Literaturbetrachtung immerhin eine sublimierte Geistesgeschichte von 150 Jahren Europa geworden, in dieser eigentümlichen Spannung vom sauberen Rationalismus zur individuellen Mystik. Sauberer Rationalismus also, ich spreche das Wort ruhig aus, das durch ein paar Jahrzehnte das Verdammungswort für Unzulänglichkeiten gewesen ist. Ich weiß nicht, wie weit auf Sie, als Sie jung waren, lieber Schweitzer, das Beispiel Ihres elsässischen Landsmannes, Oberlin, gewirkt hat, dessen arme Lazarusse nicht im Ogowetal saßen, sondern im Steintal der kargen, hohen Vogesen. An ihm, der ohne den Hintergrund des zeitgenössischen Rationalismus nach meinem Gefühl nicht zu denken ist, habe ich, Sie vor Augen, oft im Vergleich denken müssen, und dann auch gespürt, wie sehr in Ihrem Wesen, wenn ich es richtig deute, die kräftigende Nahrung des 18. Jahrhunderts noch wirksam ist. Sie steht auf Ihrem Tisch und sie ist, wie mir scheint, vitaminreicher als Dialektik und Existenzialismus. Diese mögen für ein geistiges Training des Spieles der Gedanken interessant sein, aber sie sind für das menschliche Verhalten von mir zu Dir folgenlos. Die christliche Tat ist mehr als die christliche Deutung, und so wird, um Ihres Urwaldmedizinertums Ihnen nachgesehen, daß Sie keine theologische Dogmatik aufgebaut haben. Nun haben Sie aber, zwischen Philosophie und Theologie stehend, die Ethik als Grundvoraussetzung menschlicher Gemeinschaft neu zu fundamentieren versucht. Sie selber waren und sind nicht bloß «Individualität», sondern ein Individualist mit einem herrlichen, auch robusten Freiheitsbewußtsein und Freiheitsdrang. Ihre Ethik ist, es mag manchem seltsam klingen, Individualethik. Ich glaube, die Gruppe, der Stand, die Klasse, die Rasse, auch «das Volk» und «die Nation», alle diese Dinge oder Begriffe haben Sie im Letzten nie interessiert – aber *diese* Menschen, *dieses* Schicksal ... Sie haben für alle solche Haltung als objektivierende Formel das Wort gebraucht «Ehrfurcht vor dem Leben». Ich möchte es aus Ihrem Subjektiven heraus interpretieren dürfen als *die stolze Freiheit zur Demut vor dem Kreatürlichen,* und dies nicht nur in einer unverbindlichen Abstraktion, sondern in einer immer gegebenen, fordernden Gegenwärtigkeit.»

Auf den Anlaß der Verleihung des *Friedenspreises* zurückkommend, gibt Heuss dem Wort seine heutige Bedeutung. «Das Wort Frieden heißt einfach so: der Wunsch, *daß nicht wieder, nicht noch einmal Krieg* sei, daß das Leid, das die Menschen begleitet, von ihnen nicht technisch vertausendfacht, vermillionenfacht werde. Ist also das Wort Frieden, in diesem Raum heute ausgesprochen, ein «Politikum?» *Ist der Schweitzer ein Politiker?* Nein, das ist er nicht. Er erzählt zwar davon, daß er als Junge unendlich viel Geschichte gelesen hat und Geschichte ist Staatengeschichte, geronnene Politik. Aber, wenn ich ihn richtig deute, hat er sich gegenüber diesen Dingen, so lebensneugierig er war, abgeschirmt, um in seinem eigentümlichen Lebensziel nicht verwirrt zu werden.»

Und nun erzählt Heuss eine Anekdote, und hofft, daß Schweitzer nachher nicht sage, sie stimme nicht.

«Nämlich als der Goebbels in einer bemerkenswerten Instinktlosigkeit auf die Idee kam, diesen seltsamen Urwalddoktor doch auch als Attraktion in dieses Deutschland hereinzuholen für Orgelkonzerte und Vorträge, da hat er mit der tastenden Kompromissformel, an die Sie sich erinnern wollen, geschrieben: ‹Mit deutschem Gruss›. Sie, Schweitzer, schlossen Ihre Absage mit der souveränen Formel: ‹Mit zentralafrikanischem Gruss›. Das war nicht nur Ironie, sondern es war eine ebenso überlegene als – leider – erfolglose Belehrung gewesen. (...)

Wem von uns das *deutsch-französische Verhältnis* zum europäischen Zentralproblem geworden, oder, für manchen von uns, immer gewesen und geblieben ist, dem ist Albert Schweitzer heute ein Symbol, das Symbol des Menschen, der von *beiden* Nationen geistig nahm, der beiden diente und beide reicher machte, und der in *beiden* geliebt wird. (...) Und nun noch einmal jenes 18. Jahrhundert. Da hat man *«den Weltbürger»* erfunden. Später hat man ihn literarisiert, in unserer Zeit hat man ihn – ich will niemandem wehe tun – organisiert und registriert. Hier aber, in diesem Manne, wurde er in konkreter, phrasenloser Leistung *einfach gelebt* . . .»

Selten ist in so knapper, geistreicher Form so viel Wahres und Richtiges über meinen Onkel gesagt worden. Es ist so viel über ihn geredet und geschrieben worden, auch von unberufenster Seite, daß damit oft sein geistiges Antlitz verzerrt und sogar entstellt wurde. Ich denke nicht an verständnislose Angriffe oder jenes häßliche englische Buch des Gerald Mac Knight, das nur Empörung auslöste und gegen dessen Verbreitung die englische Königin sich einsetzte, sondern ich denke an die vielen, die über ihn schrieben, ohne ihn zu kennen, an die Verfasser von sensationellen Reportagen oder dithyrambischen Preisliedern, die in all ihrer Wohlgesinntheit und maßlosen Verehrung von dem Manne Schweitzer keine Ahnung haben. Theodor Heuss aber, der hat ihn gekannt.

*

1953 erhielt Schweitzer den *Nobelpreis des Friedens.* Mit ihm hat er für seine Leprösen ein festes Lepradorf gebaut. Da hieß es in einem Brief vom 5. November 53: «Ich bin durch die Arbeit und die zu schonenden Augen zum Schweigen verurteilt, mehr als ich verantworten kann. Ich bringe nicht einmal die allernotwendigsten Geschäftsbriefe fertig. Viel Zeit muß ich für den Bau des Leprösendorfes drangeben. Wenn ich nicht einen großen Teil des Tages auf dem Bauplatz stehe, geht die Sache nicht voran. Ein ganzes Dorf für 300 Leute zu bauen, ist halt eine Sache. Zum Glück habe ich als Zimmermann den Momenzalie, der mit mir das Spital baute. – Leider lebe ich in der Zeit des Flugzeugs, das will heißen, daß ich jeden Tag zwei oder drei Besuche habe, oft Trupps von Touristen. Und Du weißt, daß ich gegen alle Besuche freundlich sein will. Ich bin anscheinend eine Sehenswürdigkeit für die, die von Europa oder Amerika nach Südafrika oder Indien fliegen, geworden. Eben, als ich diesen Brief um 10 Uhr morgens begann, sind vier Besucher hereingeschneit, wenn man auf dem Äquator diese Redeweise gebrauchen kann. Ich lud sie zum Mittagessen ein, und bis dann sollen sie sich im Spital und in der Pflanzung herumtreiben. So sitz' ich endlich am Tisch.

Nun ist auch noch der Nobelpreis für den Frieden hinzugekommen. Journalisten, von Presseagenturen gesandt, landen im Extraflugzeug. Telegramme von solchen Agenturen in Paris, London, New-York kommen mit Fragen, die ich telegraphisch beantworten soll. Es ist rührend, aber anstrengend. Ganze Tage habe ich damit zugebracht. Die Nachricht hörte Dr. Guy Schweitzer (am Radio) am Freitagabend um 11 Uhr und kam es sagen. Nach und nach tauchte das weiße Personal gratulierend auf. Ali kam auch, um der bei mir logierenden Antilope den letzten Schoppen zu geben.

«Kommst Du auch gratulieren?» fragte Mathilde. Da antwortete Ali, die noch nichts wußte, «Gratulieren? Für was? Welche Katz hat Junge gemacht?»

Telegramme kommen dutzendweise, von Menschen, bei denen man nicht darauf gefaßt war. Ein sehr herzliches von Vincent Auriol...»

Am 22. 3. 54

«Chère Suzi, Es war schön, wieder ein Lebenszeichen von Dir zu erhalten, obwohl es eines solchen zwischen uns beiden nicht bedarf. Wir wissen, daß wir immer lieb aneinander denken und an allem, was dem andern Gutes und Böses passiert, herzlich teilnehmen. Mir passiert, was einen überglücklich machen sollte. Ich habe Erfolg und erfahre viel Liebes von vielen Menschen. Dabei aber ist mein Leben so furchtbar schwer, daß ich oft ganz verzagt bin. Die Arbeit und die Sorgen, die auf mir lasten, erdrücken mich. Ich habe nie auch nur eine ruhige Stunde für mich. Ich kann mir nicht die nötige Zeit zum Schlafen nehmen und schleppe mich in einem ständigen Schlafdefizit dahin. Ich muß drauf und drauf Briefe schreiben. Heute stand ich um 6 Uhr auf, nachdem ich bis in die Nacht geschrieben hatte, um für diese Post einen Brief an Dich zu schreiben. Meine ganze Zeit geht auf Briefe. Wenn Du je Aussicht auf den Friedensnobelpreis haben solltest, mußt Du einkalkulieren, daß er Dich zum mindesten 150 Briefe kostet – und was für welche... je te préviens...

Nach dieser schönen Einleitung folge nun der Körper des Aufsatzes...» (es handelte sich um die

Taufe meiner dritten Enkelin, die er in Günsbach halten wollte, wenn die großen Anforderungen, die der kommende Europaaufenthalt an ihn stellen wird, es erlauben.) «Jedenfalls werde ich es mit Freude tun.» Und er tat es.

Ein Brief vier Wochen später hatte das Postscriptum: «Wenn Du noch einmal einen Brief an mich mit einem timbre «Championnat du Monde de Football» beklebst, erwarte nicht, daß ich ihn lese und beantworte. Ich finde die Idee der Schweiz nicht würdig und die Marke ‹idiote›.» –

Das war Onkel Berys herrliche Abneigung gegen den Sport und den Platz, den sich dieser in der Welt erobert hat. «Fußball? Da rennen sie einem Ball nach – gibt es Menschen, die nichts besseres zu tun haben, als einem Ball nachzurennen?» Als ich mit 15 Jahren Tennis hatte spielen wollen, meinte Onkel Bery: «Und so einem blöden Bällchen willst auch Du nachhüpfen? Hast Du denn dazu Zeit? Zu so etwas hat man doch einfach keine Zeit!»

BEIM GRAND-DOCTEUR IN LAMBARENE

Am 28. Juli 1954 spielte mein Onkel zum letztenmal zu Bachs Todestag auf der Orgel der Straßburger Thomaskirche. Er selbst hatte die Tradition dieser Konzerte geschaffen und wann immer möglich an diesem Tag zum Gedächtnis dessen gespielt, der in der Musik ihm der Größte war. Die Orgel der Thomaskirche in Straßburg, eine alte, schöne Silbermann-Orgel, war die erste von vielen, für die Schweitzer – der sich glühend für die Erhaltung der alten Orgeln einsetzte – das schon gesprochene Todesurteil mit unendlicher Mühe und Beredsamkeit hatte aufheben können. «In Afrika rettet er alte Neger – und in Europa alte Orgeln» hieß es damals.

Seinen 80. Geburtstag – am 14. Januar 1955 – hat mein Onkel in Lambarene gefeiert. Am vorausgehenden 8. November ging ein glücklicher Brief von Zürich nach Lambarene. (Er liegt vor mir, Onkel Bery bewahrte Briefe auf.)

«Mein liebster Bery,
Was ich Dir zu sagen habe, will ich kurz machen – ich weiß, Du bist müde. Aber Du sollst es zuerst

wissen ... Also: ich bin vor Freude ganz verdreht, denn ich komme zu Deinem Geburtstag zu Dir nach Lambarene. Was sagst Du nun? – Mein Chefredaktor, der große Mann der Neuen Zürcher Zeitung, hat mich heute zu sich ‹befohlen› – und da ist es einem immer wie einem Schulmädchen zumute, das zum Rektor muß. Diesmal wollte er gar nichts anderes, als mich zu Dir nach Lambarene schicken! Er hatte erfahren, daß eine kleine Gruppe von Schweizer Aerzten zu Dir reist, und daß in dieser noch ein einziger Platz frei sei. Ich soll in Lambarene ‹sur place› den Artikel schreiben, der hier zum 14. ‹im Blatt› sein wird. – ‹Wänd Sie gah?› fragte er – Du kannst Dir denken, daß ich ihm am liebsten um den Hals gefallen wäre, was er vielleicht nicht so geschätzt hätte – und außerdem ist das an der Zeitung nicht Sitte. So mußte ich mich begnügen, ‹de lui tordre les mains›. – Nun geht ein großer Wunsch meines Lebens mir in Erfüllung und zwar in einem Moment, wo ich ehrlich darauf verzichtet hatte. – Leb' wohl, ich bin sehr glücklich ...»

*

Am Christabend traf sich die Gruppe, die zum größten Teil aus schweizerischen und französischen Ärzten und ihren Frauen bestand, im Bahnhof Genf. Bei der Zollrevision stellte es sich heraus, daß ein jeder von uns alle verfügbaren Ecken und Eckchen in seinem Gepäck mit Äpfeln vollgestopft hatte – lauter Äpfel für Onkel Bery! In der Christnacht fuhren wir durch die Provence. Viel zu bewegt, um an Schlaf zu denken, sah ich von der obersten Couchette da und dort hell von innen erleuchtete Kirchen, in denen die Christmette gefeiert wurde, am Himmel standen Sterne, und in der dunklen Weite der Felder wußte man die Schafe mit ihren Hirten.

Unser Weg nach Lambarene war ein Umweg – gesegnet seien Umwege! Von Marseille, wo unter blauestem Himmel ein scharfer Mistral das Meer aufwühlte, entführte uns am Nachmittag des ersten Weihnachtstages ein weißes Schiff. Rot sank die Sonne ins Meer. Lange saß ich auf dem obersten Deck – aus der Tiefe des Schiffes klang ein «Minuit chrétien» – wir hatten an die hundert Gendarmen an Bord, nach Algier abkommandiert, um Rebellennester auszuheben. – In der Dunkelheit spürte ich jemanden in meiner Nähe – es war einer der ihren, ein Sergeant, der, an die Reling gelehnt, wohl an Frau und Kinder dachte. Ein Bretone – wir redeten von seiner Heimat, und da er mein Reiseziel kennen wollte und ich ihm Schweitzers Spital nannte, war ihm dieses wohlbekannt. «Ah, c'est un homme formidable, ce Monsieur là-bas!»

Vor Tag bin ich wieder auf Deck, um den Sonnenaufgang zu sehen. Und da steht sie vor mir, die Küste Afrikas: schwarz, bergig, gezackt – und einen Hang hinauf türmt sich die Stadt, «Alger la blanche», deren Lichter in der Morgendämmerung langsam verlöschen. Die Fahnen auf unserem Schiff gehen hoch. Und als der erste Sonnenstrahl über den

Atlas schießt, trifft er genau die weißen und rosigen Mauern der Kasbah, der Zitadelle.

Hart an der Küste sind wir über gebirgiges Land nach Tunis geflogen. Karthago in seinen Ruinen war Enttäuschung, in seiner Landschaft Erlebnis. Aber herrlich schreitet über das weite Land mit seiner rotvioletten eisenhaltigen Erde in hohen Bogenschritten, von weitem schon golden leuchtend, der zweitausendjährige römische Aquädukt, der das Wasser von den Hängen des Dschebel Zhagouan über 110 km nach Karthago leitete. Gehöfte hinter Schutzwällen von riesigen Opuntien, spitze, aus Ziegenhaar gewobene Nomadenzelte, dunkle Männer hinter pflügenden Kamelen, dann ein Gewelle weißer Kuppeln über Moscheen und Maraboutgräbern, märchenhaft aus baumloser, menschenleerer Steppe aufsteigend: Kairouan. – Ein paar Stunden im Zauberbann der Moscheen, auch in engen Gelassen, wo junge Frauen, Kinder noch fast, ihr Dasein in Teppiche weben... Dann flog um Mitternacht die Constellation auf und trug uns unter dem Sternenhimmel in einen jungen Tag, der auf dem Flugfeld von Fort-Lamy uns erwartete.

Fort Lamy, das ist heiße Sonne über glühenden Büschen von Poinsettien, unsern Weihnachtssternen, schmetternde Clairons in der Morgenfrühe, ein Eingeborenenmarkt, auf dem ganz Afrika in Rassen und Farben vertreten ist – aber über den geraden Straßen mit neuen Bauten liegt etwas von der Melancholie einer französischen Verwaltungsstadt.

Die Jahreswende feiern wir am Tschad-See, in Karal, beim schwarzen Sultan von Massakory. Fünf Stunden lang hottert und rattert der kleine Autobus auf sogenannter Piste durch fahles Steppengras, aus dem, blütenbehangen, die graziösen roten Stämme einer stacheligen Mimosenart aufsteigen. Dazwischen sehen wir riesige Euphorbien – eine Wolfsmilchart mit graugrünen Blättern und unförmigen Früchten – die wie Kandelaber aus der Steppe ragen. Weiße Reiher fliegen auf, Antilopen in Herden jagen über die Weite, die unendlich scheint. Manchmal versinkt unser Autobus im Sand, und muß herausgebuddelt werden; – vor einem schwarzen Wasser heißt es aussteigen, Schuhe und Strümpfe ausziehen und durch das Schwarze, Schlammige waten – worauf, weit ausspritzend, mutig das Vehikel folgt. – Auf Pfaden, die nicht sichtbar sind, schreiten hohe, schwarze Gestalten durch das Gras, Männer mit dem baumlangen Jagdspeer, der sie weit überragt, Frauen mit dem Lendentuch um die schmalen Hüften, die mit königlichem Gang das Wassergefäß oder die Last der Früchte in flacher Schale auf dem Kopfe tragen.

Jetzt Kegeldächer von Eingeborenenhütten am Horizont, dann die groben Zinnen der klotzigen, aus gelbem Lehm gestampften Mauern des Sultanspalastes – Tam-Tam-Trommeln, grelle Trompeten... Und auf flinken Araberrossen braust's heran, mit blitzenden, geschwungenen Säbeln in einer Wolke von goldenem Staub, stoppt keine fünfzig Meter vor uns, wendet und braust zurück in den verglühenden Abendhimmel des letzten Tages im Jahr: der Sultan empfängt seine Gäste mit einer Reiter-Fantasia. Da wir näher kommen, steht er vor dem Tor des Palastes, hebt huldvoll die Hände zum Gruß, und die Leute von Karal tun ein Gleiches. Beide Hände mit nach außen gedrehten Handflächen: «nichts Böses hab' ich im Sinn» sagen diese Hände, mit denen auch die Eingeborenen im Busch grüßen.

In der Sylvesternacht sitzen wir am Lagerfeuer und blicken in den sternenfunkelnden Himmel. Für den «Couscous» auf offenem Feuer haben zwölf Hühner und ein Hammel ihr Leben gelassen. Man hört Hyänen schreien, Schakale bellen. Von den Dächern der Lehmhütten äugen die Aasgeier nach den Resten unseres Mahles, und um das Geviert des Hofes schreiten baumlange schwarze Wächter. Waagerecht, als wäre er an seinen zwei Spitzen aufgehängt, liegt ein Sichelmond im Himmel.

Am Neujahrsmorgen erscheint der Sultan, in eine Toga aus schneeweißem Mousselin gehüllt, im Gefolge prächtig gewandeter Goumiers, seiner Leibwachen, zur Begrüßung in unserem Lager. Und dann beginnt ein Tam-Tam, das den ganzen Tag und bis in die Nacht hinein dauert. Die Trommeln, die Tänze hören nicht auf, immer rasender wird das Fest, man schluckt Staub und den beizenden Geruch schweißnasser schwarzer Leiber, scharfer Gewürze ... der Rhythmus der Trommeln beginnt an den Nerven zu reißen.

Siebzehnjährig, schlank, schmalhüftig mit Antilopenaugen – ist Prinz Chabaka, der Sohn des Sultans. Er spricht mit leiser, weicher Stimme, ist in Fort-Lamy zur Schule gegangen und wohl der Einzige, der in Karal lesen und schreiben kann. Verstohlen hat er den Kugelschreiber in meiner Hand beobachtet, und scheint beglückt, als ich ihn ihm schenke. Sein großzügiges Gegengeschenk – in keinem Verhältnis zu meiner bescheidenen Gabe – ist ein blitzendes Messer in kunstvoll gearbeiteter Scheide aus rotem, naturgefärbtem Leder und Schlangenhaut. Die Leute im Tschad tragen diese Messer an einem Armreif hoch am linken Oberarm, was der rechten Hand ein blitzschnelles Herausziehen ermöglicht. Während des großen Tamtams stellt Chabaka den Frauen unserer Reisegruppe seine Mutter vor, die erste legitime Frau des Sultans, die nach der Sitte sich beim Fest nicht zeigen darf. Ein rassiges Gesicht, merkwürdig hell – an Hoheit und Würde steht sie ihrem Gebieter nicht nach. Das tiefschwarze Haar ist wie bei allen Eingeborenenfrauen in unzählige steife, kurze, geölte Zöpfchen geflochten, eine Prozedur – Arbeit eines ganzen Tages – die jeden Monat vorgenommen wird. –

Leise faßt Chabaka mich am Arm – er möchte mir Akayé, seine Braut, zeigen. An ihr Lager gelehnt, das auf hohen Pfosten die Mitte der Hütte einnimmt, erwartet uns Akayé, schlank wie eine Gazelle. Ihre Augen sind noch samtener als die Chabakas. Sie spricht nicht, ihre innere Bewegung verraten nur die bebenden Flügel des feinen Näschens, auf dem – entsetzlich! – in altmodischem Stahlgestell eine Brille hängt – ein Merkmal ihrer Distinktion vermutlich, denn auch der Sultan trägt in riesigem Horngestell eine Brille. Der kleine Prinz legt scheu seine Hand auf Akayés Schulter, keiner redet. Nie sah ich ein rührenderes, kindlicheres Liebespaar...

*

Von Fort-Lamy hat uns das Flugzeug über Bangui nach Brazzaville gebracht, der heutigen Hauptstadt der am 15. August 1960 selbständig gewordenen Republik Kongo-Brazzaville, damals aber noch Territorium der Afrique Equatoriale Française. Weiße Regierungsgebäude, die schöne moderne Kathedrale Ste. Anne; wir wohnen in den komfortablen Bungalows eines Hotels zwischen Hibiskusbüschen mit glutroten Blüten. Nun kann ich es fast nicht mehr erwarten, zu Albert Schweitzer zu kommen.

Ueber den Urwald hat uns von Brazzaville eine DC-3 nach Lambarene getragen. Wälder, lichtgrüne Sümpfe, Wasser, Wälder – das Urweltliche dieser Stromlandschaft ist das Erlebnis des Fluges. Nach vier Stunden sieht man, etwas ängstlich, unter sich eine Lichtung im Wald. Elegant und sicher setzt der Pilot uns darauf nieder: der Flugplatz von Lambarene. Auf dem, was man hier Straße nennt, hottern wir in einem Lastwagen der Air-France zum Ufer des Ogowe, dessen bleierne Wasser träge dahinziehen, hie und da plötzlich aufglänzend, wie die Schuppen eines still mit dem Strom ziehenden riesigen Tieres. Hier liegt die von einem Holzhändler zur Verfügung gestellte Pinasse, die uns abholt. Hier liegen aber auch die schlanken Einbäume, die Pirogen, auf denen man über den Fluß setzt. Zwischen dem Schwarzen im Spitz und den Paddlern im Heck entspinnt sich jeweils ein eintöniger rhythmischer Zwiegesang, der belebter wird, wenn sie den Gast in ihrem Boot oder die Waren, die es birgt, denen am Ufer vorstellen wollen. Der Gesang der Ruderer auf dem Fluß ist die Zeitung des Urwalds. Wir gleiten an der grünen Insel vorbei, auf der Lambarene, der Ort, liegt, wo die katholische Missionsstation aus den Palmen schaut und die Kontore der großen Handelsgesellschaften stehen, in denen man alles kaufen kann, was man in diesem Lande braucht: Kleider, Schuhe, Konserven, Salz, einfache Werkzeuge, Pulver und Blei. Von hier brach um die 80er Jahre des vorigen Jahrhunderts Savorgnan de Brazza auf zur unblutigen Eroberung der Ogoweniederung für Frankreich. Er kaufte auf seinem Weg die Sklaven los, denen er begegnete, – denn groß war der Menschenhandel in dieser Gegend – und machte so die Eingeborenen und ihre Häuptlinge zu seinen Freunden. Sein Koch liegt in Lambarene begraben.

Nun gleiten wir an den Sandbänken vorbei, die in der trockenen Jahreszeit – wenn der Fluß um sieben oder acht Meter sinkt – groß aus dem Wasser steigen, und auf denen dann friedlich die Krokodile schlafen, die sich jetzt in die Papyrussümpfe verkrochen haben. Da und dort ragt am Ufer, schlanke silberne Säule, turmhoch ein Kapokbaum aus dem Urwald. Wie in Gewandfalten fließt sein Stamm auseinander, sodaß zehn Männer ihn nicht umspannen können. In seiner Krone glänzt es schneeig: Reiher und Pelikane. – Und nun scheint durch grünen Ölpalmenwald das Rot von Wellblechdächern... das Spital!

An der Lände steht er, der Urwalddoktor, im kurzärmligen Hemd und der weiten Kakihose. Ich darf als erste aussteigen und ihm an den Hals fliegen. Wie weiß sein Strubbelkopf geworden ist! Das Kraftstrotzende in seiner Erscheinung ist gewichen, aber die Augen – seine gütigen Augen – erscheinen mir im warmen Schatten des Tropenhelms noch gütiger geworden. «Daß Du mir nur ja keinen Augenblick den Tropenhelm ablegst – das ist gefährlich...» Das war die Begrüßung, mit der er uns beiden, ihm und mir, über eine Bewegung hinweghelfen wollte, die so unverständlich wohl nicht war.

*

Beim ersten Nachtessen saß ich meinem Onkel gegenüber. «Aber bilde Dir ja nicht ein, daß das nun so bleibt,» sagte Emma, die im Elsaß mit mir zur Schule gegangen war, «morgen sitzt ein anderer da, jedem kommt einmal dieser Ehrenplatz zu.» – Sechs Petroleumlampen legen ihr warmes Licht auf den großen Eßtisch. Es gibt zwar im Spital einen

Dynamo, der seit kurzem Elektrizität für die Operationslampen erzeugt, aber noch will Onkel Bery in den Wohnräumen nicht auf seine alten Petroleumlampen verzichten. Als die lautlosen Boys Schüsseln und Teller der einfachen Mahlzeit abgetragen, legt eine Pflegerin Bibel und Choralbuch vor den Doktor hin, und nach der kurzen Auslegung eines Bibelwortes begleitet er am Klavier das gemeinsam gesungene Abendlied.

Schon in der Schule hatte Emma Haussknecht mich immer wieder nach meinem Onkel gefragt. Sie, die unter häuslichen Verhältnissen leidend, nicht leicht Zugängliche, war besonders nett zu mir. Sie wurde Lehrerin, zuerst in einem elsässischen Dorf, dann in Algerien und bot schon 1923 meinem Onkel ihre Hilfe an. Als er dann zum zweitenmal hinausgefahren war, um sein Werk neu aufzubauen, ist Emma ihm 1925 gefolgt und eine tragende Säule des Werkes und eine große Hilfe für meinen Onkel persönlich geworden. Die Pflanzung, der Garten, alle Bautätigkeit waren ihr Gebiet, daneben besorgte sie Korrespondenz und Buchführung. Noch bis zu ihrer letzten Heimreise, krank und gezeichnet, hat sie im Lepradorf gebaut, um Angefangenes zu vollenden. Siebenmal ist Emma nach Lambarene gefahren und hat im ganzen an Onkel Berys Werk dreißig Jahre ihres Lebens gegeben. Während ihrer Erholungsaufenthalte in Europa warb sie für Lambarene, reiste auch einmal in die Staaten und hielt englische Vorträge über das Werk.

Ein gar prächtiger Mensch war Emma, heiter und begeisterungsfähig und von lauterster Gesinnung; sie stand mit festen Füßen auf dem Boden und hatte in hohem Maße jenen «bon sens», die praktische Vernunft, die es brauchte, um Schweitzer in Lambarene zu verstehen und ihm zu helfen.

«Sie hat durch ihre Gesinnung dem Werk so viel gedient wie durch ihre Arbeit. Ihr Einfluß auf uns war so groß wie auf die Schwarzen. Ihr Rat, ihr Urteil, ihre Kritik sind unvergeßlich» so schrieb der grand-docteur in das Buch, in dem alle aufgeführt sind, die je nach Lambarene kamen. Kaum 60 Jahre alt ist Emma am 4. Juni 1956 in Straßburg gestorben. Ihre Asche aber ruht in Lambarene.

Ihr Tod war für meinen Onkel ein harter Schlag. Und wie schwer mag es ihr, die um die Unerbittlichkeit ihres Leidens wußte, gewesen sein, daß sie ihm das antun mußte: zu sterben und sein Werk zu verlassen. Es war das einzige Leid, das sie ihm je zugefügt hat.

Die andere elsässische Säule des Werkes war Mathilde Kottmann, die 1924 als erste Helferin zu meinem Onkel hinausfuhr und bis zu seinem Tode ihn umsorgte, ohne Schreibmaschine und Stenoblock seine Sekretärin war und seine sehr große Korrespondenz zum Teil selbständig erledigen konnte.

*

«Komm mit ins Lepradorf», sagte Onkel Bery, so wie er früher gesagt hatte «komm mit auf den Kanzrain». Wir schritten nebeneinander auf dem Pfad durch die Pflanzung, Orangen-, Mandarinen-, Zitronen- und Grapefruit-Bäumchen, alle aus Kernen gezogen, über 1000 an der Zahl, wie mir mein Onkel stolz erklärte. «Jetzt wird genug da sein für alle, es braucht keiner mehr zu stehlen... Aber immer neu muß die Pflanzung dem Urwald abgetrotzt werden, immer wieder greift er mit gierigen Händen danach.» Dann ging es durch einen herrlichen Ölpalmenhain, Rest des Waldes, der hier stand, bevor Schweitzer für den Bau des neuen Spitals zu roden begann. In diesem Hain liegen sie begraben, Christen, Heiden, Muselmanen, denen der Doktor nicht mehr hat helfen können. – «Halt!» rief er plötzlich, als ich meinen Fuß unbedacht auf eine Ameisenprozession zu setzen im Begriffe war, «halt, das sind meine Ameisen, die darfst Du nicht zertreten...»

Die eine Hälfte des Lepradorfes war damals fertig, die andere im Bau. Wie staunte ich, als ich meinen Onkel als Baumeister sah! Mit der Arbeitergruppe, die nach seinen Plänen und Angaben Häuser für die Leprösen baut, geht der Achtzigjährige täglich auf den Bauplatz, steht in der heißen Sonne, legt mit Hand an, befiehlt und beaufsichtigt und hat alles in der Hand. «Stell Dir vor, ich wollte diesen Bau einem weißen Unternehmer übertragen, der seinerseits schwarze Arbeiter anstellen müßte – wie unerschwinglich teuer käme mich der Bau! So schon kostet mich ein Wellblechdach, bis es hier an Ort und Stelle ist, 4000 SFr.!» – Schweitzer baut so, wie er es aus der Erfahrung seiner Jahrzehnte in Afrika gelernt hat: Baracken aus Holz auf einem Betonfundament mit Wellblechdächern Richtung Ost-West, wegen des Sonneneinfalls; Türen und Fenster Richtung Nord-Süd liegen zur Kühlung einander gegenüber. «Wenn am Äquator ein Zimmer heiß ist, gehört der Architekt ins Loch» – ist seine These.

Im Lepradorf ist Verbandtag. Unter dem großen Parasolier, der mit seinen glänzenden Blättern unserer Kastanie gleicht, sitzt Greti, die Bernerin, mitten unter ihren Patienten, Männer, Frauen und Kinder mit den typischen hellen Flecken oder großen, harten Noppen auf der Haut. Rings im Kreis strecken sich ihr Hände und Füße entgegen, von Wunden grauenhaft entstellt. Und großartig, seelenruhig, hantiert sie mit Schere und Pinzette an diesen Wunden, tupft sie mit Mercurochrom aus, bestreut sie mit Sulfamidpulvern und verbindet, verbindet stundenlang.

Onkel Bery nahm mich auch mit ins Spital. Konsultations- und Verbandsräume, Operationsraum und Röntgenzimmer, Apotheke, Labor und alle Krankenbaracken liegen unten am Fluß. Im Verbandraum waren Tony und Ali, die prächtigen Holländerinnen, an der Arbeit. Sie verbanden Patienten mit den schweren, unter der Haut weiterfressenden und so übelriechenden phagedänischen Geschwüren, sie verbanden Arme und Beine voller Wunden – Wunden, wie ich sie nie gesehen! Ihre Ursache, so erklärte mir der junge elsässische Arzt, – der mit einem Ungarn und einem Franzosen das damalige ärztliche Helferteam bildete – ist oft eine geringfügige Verletzung, und infolge der vielen Infektionsmöglichkeiten, denen der Schwarze ausgesetzt ist, entstehen in kurzer Zeit diese entsetzlichen Wunden. Leider bleiben die Leute unvorstellbar lange mit solchen Wunden in ihrem Dorf, wo der Fetischmann sie mit seinen «Heilmitteln» beschmiert, und wenn sie dann ins Spital kommen, dauert es oft Monate, bis diese Wunden sich schließen.

Ich sah den alten schwarzen Pfarrer Efe, einen geheilten Leprösen, dessen Füße unförmige Klumpen sind, man versteht nicht, daß er darauf gehen kann – und immer wieder kommt er mit Wunden an diesen armen Füßen, sei es, daß er am Feuer gesessen und sie verbrannte, da sie unempfindlich sind, sei es, daß er auf seinen Predigttouren sie wundlief.

Die früher recht häufige Himbeerkrankheit, Frambösia, durch die der ganze Körper sich mit himbeerähnlichen roten Auswüchsen bedeckt, ist seltener geworden. Heute genügt eine Spritze Penizillin zu ihrer Heilung. Die Schlafkrankheit, die damals, als Schweitzer vor 42 Jahren ins Land kam, Hekatomben von Opfern forderte, ist eingedämmt. Die Regierung hat den Kampf gegen den Überträger der Krankheit, die Tse-Tse-Fliege, aufgenommen, und von fliegenden Equipen werden heute die Kranken in ihren Dörfern aufgespürt und zur Behandlung gezwungen.

Es wird viel operiert im Urwaldspital, darum müssen die Ärzte die ganze Chirurgie beherrschen. Da sind die vielen eingeklemmten Brüche, an denen – wenn nicht rasche Operation sie rettet – die Menschen jammervoll zugrunde gehen, – da sind die schweren urologischen Fälle, die Strikturen, die von chronischen Gonorrhöen herkommen... In der «Case» der Frischoperierten sah ich Tony von Pritsche zu Pritsche gehen: liebevoll tut sie die nötigen Handreichungen, erfüllt die sonderbarsten Wünsche, und wenn es heißt, «Tu n'as pas encore fait conférence avec nous» so weiß sie, daß ihre Patienten sich mit ihr unterhalten möchten.

Später sah ich Tony den «Bium», die Habseligkeiten einer Frau, die mit einem Fibrom zur Operation kam, nach Wanzen untersuchen – auch das gehört in Lambarene zur Arbeit der Pflegerin.

Etwas abseits von den übrigen Spitalbauten liegt die Maternité. Vor einer Stunde hat die junge schwarze Frau ihr Kind geboren. Es hat ein süßes wolliges Köpfchen und seine Haut ist noch hell, nur sein Geschlecht ist schon tiefschwarz. In der Nacht hat der Mann sie im Kanu gebracht, nun liegt sie auf ihrer Schlafmatte aus Palmblättern, gelöst und hingegeben in ihrer Üppigkeit. Wunderschön die schwarze Haut, durch die es schimmert wie rosiger Grund. Neben der jungen Frau sitzt ihre Mutter, selbst hochschwanger, und zu Füßen kauert die Urahne – vier Generationen auf engstem Raum.

Draußen vor der Maternité sitzen die ihre Stunde

erwartenden Frauen, betrachten ihren hohen nackten Leib, über den die dunkle Seide der Haut sich spannt und auf dem, bei der einen und anderen, wie eine Blume ein Nabelbruch sitzt. Er gilt bei den Frauen der Fang als besonderes Schönheitsmal. Still hocken sie da, als horchten sie in sich hinein, und betrachten das Zittern, das über ihren Leib läuft, wenn sich das Kind in ihm regt.

Das eigentliche Spital liegt unten am Fluß, oben aber auf dem Hügel Adolinanongo (d. h. «der in die Ferne schaut»), wo vor gar nicht so langer Zeit der letzte König der Galoa über das Land bis zu den fernen blauen Bergen geblickt hat, liegt die Herzkammer dieses Spitaldorfes, das Doktorhaus, «La case du grand-docteur». Wenn von Anfang an die Schwarzen ihn so nannten, so dürfte das mit der geistigen Größe des Mannes, von der sie keine Ahnung haben können, nichts zu tun haben. Es bezieht sich auch nicht allein auf den stattlichen Körperbau des Elsässers, sondern hat vielmehr in jenem homerischen Sinn die Bedeutung von «alt», «erfahren», wie wir sie auch im französischen «Grand-père» finden. «Ich bin der Alte, verstehst Du, zum Unterschied von den jungen Ärzten, die im Laufe der vielen Jahre hier meine Helfer waren.» Irgendwie aber dünkt mich, daß in «grand-docteur» auch das natürliche, einfache Zutrauen und die Anerkennung von Schweitzers unbedingter Autorität durch die Schwarzen sich ausdrückt.

Auf dem Hügel liegen auch der Eßsaal, – ein

Haus für sich –, die Küche, das Haus der weißen Kranken und das der Pflegerinnen und Ärzte. Wir weißen Gäste wohnten in Sans-Souci, dem Gästehaus, das mit dem Lustschloß des großen Preußenkönigs vermutlich nur das gemeinsam hat, daß man sich wohl darin fühlt.

Unter den hohen Mangobäumen, auf dem Platz vor dem Haus des Doktors, spielt sich täglich das bunteste Leben ab. Da stehen an langen Tischen die schwarzen Glätterinnen, bewaffnet mit altmodischen Holzkohleglätteisen, da sitzen die Männer an der Nähmaschine, klopfen die ewig lachenden und schwatzenden Frauen Palmnußkerne auf, die mit einer primitiven Handmühle von einem Mann zu Hühnerfutter zermahlen werden. Da sitzt auch der schwarze Schuhmacher, der aus alten Autopneus Sohlen und Riemen für Sandalen schneidet, mit denen – eine Erfindung des grand-docteur – die dick verbundenen Füße der Leprakranken bekleidet und ihre Verbände geschont werden können. Am Boden hocken die Leichtkranken, die Matten aus Palmfasern flechten. Dominique, dessen Beine gelähmt sind, unterhält sich hier mit seiner Freundin Liesel, der einzigen Gans in Lambarene, und von der Veranda tönt es «Du Säubüebli...» Da füttert Verena, die Thurgauerin, den kleinen Schimpansen Fritzli. Und zwischen den Menschen spaziert die Herde der Geißen, deren Gemecker Kudeku, der graue Papagei, köstlich nachmacht. Auf ihrem Rücken sitzen die Pique-Boeufs, kleine weiße Reiher, die ihnen die

Zecken aus dem Fell fressen. Ziegen und Vögel leben in bester Kameradschaft, wissen doch die Ziegen, daß wenn der weiße Vogel plötzlich von ihrem Rücken auffliegt, irgendeine Gefahr droht.

*

Man bilde sich nicht ein, ein paar Tage in Lambarene zu weilen, nur herumspazierend, schauend, beobachtend..., im Handkehrum hat man, wie jeder hier, seine Arbeit. «Du kannst mir helfen», sagte mein Onkel im Lepradorf, «bleib brav da stehen und sieh zu, daß die Männer, die in den neuen Hütten den Erdboden feststampfen sollen, sich nicht faul hinsetzen, sobald ich den Rücken kehre, und daß die Frauen, die mit den Tragkisten voll Erde kommen, diese schön und gleichmäßig verteilen.» — Da stand ich nun und durfte mir ein Bild davon machen, was es heißt, im Urwald Häuser zu bauen, Häuser, von denen die Kranken einmal sagen werden: «Das ist eine gute Hütte, Doktor!» —

Gelbe Erde, schwarze Menschen, deren schweißnasse Körper wie Ebenholz glänzten; auf die mächtigen roten Rizinusstauden, die saftig grünen Tarok-Büsche mit Blättern groß wie Elephantenohren, fällt glühend die Sonne. Onkel Bery kommt vorbei. «Schön ist's hier, gelt?» — «Ja, wunderschön, aber heiß...» Er runzelt die Brauen und fast barsch: «Von Hitze redet man hier nicht.» — So habe auch ich nie mehr von der Hitze gesprochen.

Auf dem Bau im Lepradorf, an meinem Posten, habe ich aber bis zur Abreise jeden Morgen gestanden, und wenn ein Schwarzer mir erklärte «moi fini mort», was bedeutet, daß er todmüde sei, oder besser gesagt, seiner Ansicht nach genug gearbeitet habe, ihm freundlich mit der Uhr zu beweisen versucht, daß noch nicht Mittagszeit sei. «Toi contremaître pour moi?» Ich schüttle lachend den Kopf, und lachend geht er wieder ans Stampfen.

Wenn ich nur nicht auf die Idee verfallen wäre, die Arbeit der Frauen rationeller gestalten zu wollen! In den einzelnen Räumen der neuen Gebäude im Lepradorf war der Zementsockel mit Erde aufzufüllen, die dann zum Fußboden festgestampft wurde. Diese Erde trugen die Frauen in Kisten herbei. Da ich fand, daß von den die Erde hineinschaufelnden Arbeitern die Kisten schneller gefüllt als von den Frauen weggetragen wurden, man daher mehr Kisten nehmen sollte als Trägerinnen, sodaß diese jeweilen ihre leere Kiste gleich gegen eine volle, bereitstehende eintauschen könnten, begegnete ich loderndem Widerspruch. Und da ich diskutieren und erklären wollte, – was zweifellos unzweckmäßig europäisch ist – sah ich mich plötzlich einem Dutzend schreiender, wildfuchtelnder Frauen gegenüber, die nichts von einer neuen Methode wissen, sondern paarweise *ihre* Kiste und nur diese tragen wollten, die sie als die kleinste, leichteste und handlichste befunden hatten. Das waren die gleichen Frauen, die mir bisher so freundlich und sanft begegnet waren und «n'Bolo», den Gruß, lachend erwidert hatten! Gegen schreiende Negerfrauen kam ich nicht auf – so blieb alles beim Alten, und lieb und heiter, wie die Sonne nach einem Gewitter, strahlten wieder ihre Gesichter.

Nach fünf Tagen mußten meine Reisegefährten abreisen, ich durfte noch 10 Tage bleiben! In der Nacht vor ihrem Abflug schrieb ich den Artikel, den sie für die Neue Zürcher Zeitung mitnehmen sollten. Ich saß in meinem kleinen Zimmer, dessen Außenwand ganz aus feinmaschigem Moskitogitter bestand. Zur Hitze der Tropennacht spendete die Petroleumlampe die ihre. Der Tornado, der kurze, heftige Gewitterregen, war vorbei, die Natur richtete sich auf, der Urwald begann in den geheimnisvollen Rufen und Lockungen der Tiere zu leben. Vom Fluß her hörte man das Schnauben der Nilpferde, – ihre bisherigen Weideplätze sind von den steigenden Wassern überschwemmt, nun ziehen sie flußaufwärts auf der Suche nach neuem Futter. – Durch die Luft geht ein Rauschen: große fledermausähnliche Tiere, die fliegenden Hunde, fallen in die Mangobäume vor dem Doktorhaus, um sich an den reifen Früchten zu erlaben. Über dem Spitaldorf liegt Stille – nur der Doktor ist wach. Ich kann den Schein seiner Lampe zwischen den Palmstämmen sehen und weiß: auf dem Zaun vor seinem Haus sitzt im Dunkel der zahme Pelikan und wacht, daß keiner ihn störe. Übel würde der mit dem Schnabel traktiert, der über die Schwelle wollte ...

In der Zimmerecke liegt gewiß das Antilöpeli, das einmal ein Blatt des Manuskriptes über die chinesischen Denker gefressen hat, auf dem Schreibtisch sitzt das Kätzchen, und irgendwo ist auch Tschü-Tschü, der Hund, in dessen unedlem Körper der Doktor eine schöne Seele ahnt.

War das ein Tag heute! So also lebt Onkel Bery hier! Da war vor allem die Arbeit im Spital: man hatte Männer gebracht, von wilden Büffeln übel zugerichtet. Europäer kamen auf der Durchreise unangemeldet an und wollten ihn sehen. Die Post mußte fertig gemacht, die vielen Bestellungen für Europa aufgegeben werden, denn der Flußdampfer ist fällig. Dann gab es etwas am Pumpwerk zu reparieren, das ein Zürcher Ingenieur und Freund, der vor Jahren extra nach Lambarene gefahren war, um sich die Möglichkeiten einer Wasserleitung anzusehen, mit allem, was dazu gehörte, Motor, Pumpen, Röhren, Trägern, Winkeln geschenkt hatte. Nun konnte das Wasser des Ogowe, dessen Grundwasserspiegel der Sodbrunnen am Ufer in sechs Metern Tiefe erreichte, filtriert durch Sand- und Erdschichten, die es durchdringt, mittels einer motorbetriebenen Pumpe auf den Hügel in ein Reservoir gepumpt werden und von dort in die verschiedenen Gebäude des Spitals laufen. «Sieh sie Dir an, meine Wasserleitung, ich bin stolz auf sie! Nicht in, sondern über der Erde, wie bei den alten Römern, stelzt sie auf soliden Holzträgern auf die Hügelkuppe... primitiver Aquädukt im Urwald.»

Noch war vor dem Ausbruch des abendlichen Tornados das Wellblechdach einer Baracke festzumachen gewesen... Und dann stand plötzlich der Mann da, dessen Klage der schwarze Heilgehilfe so übersetzte: «Er hat einen Wurm,» (alle Schmerzen der Schwarzen kommen von einem Wurm) – «der beißt ihn manchmal im Leib und manchmal im Kopf. Vielleicht sind es auch zwei Würmer, die ihn zugleich im Leib und im Kopf beißen. Die Frau hat ihn hergerudert, sie sind drei Tage in ihrer Piroge unterwegs gewesen – und die Kinder sind auch da...»

Und zum Schluß wurde noch das Affenkind gebracht, dem die Mutter totgeschossen, und das man nun im Spital unterbringen und vor dem Verhungern retten muß.

Onkel Bery beschließt in Lambarene den Tag meistens mit einem Bachpräludium, einer Fuge oder ein paar Choralvorspielen auf dem Pedalklavier, das die Pariser Bachgesellschaft ihm für die Tropen geschenkt hat. Dann gehört noch manche Stunde in der Nacht dem Manuskript seiner Kulturphilosophie. Und wenn er in später Stunde das Geschriebene beiseite legt, macht er vielleicht noch einen Rundgang, tritt noch einmal ans Lager der Frischoperierten oder Schwerkranken, die nicht schlafen, sieht nach, ob alle Kochfeuerchen vor den Baracken auch gut gelöscht sind. Unvergeßlich ist mir Bach in der Tropennacht...

*

In Lambarene trat offen zu Tage, was Onkel Bery wollte. Ich werde nie verstehen, daß Menschen, die dort waren, es nicht sahen und nicht spürten.

Gewiß gibt es hier nichts weiß Gekacheltes, nichts blitzend Verchromtes – die Ziegen laufen frei im Spital herum und für superhygienische Forderungen ist hier kein Platz. In dieses Spitaldorf, in das der Kranke kommt, ohne sich von den Angehörigen, die ihn herruderten, trennen zu müssen, zieht er mit Frau und Kind und Huhn und Hahn ein. Auf dem Feuerchen vor seiner Case kochen die Seinen ihm die gewohnte Mahlzeit aus den vom Spital gelieferten Produkten afrikanischer Erde. Das alles ist die von Schweitzer mit sparsamsten Mitteln erreichte Verwirklichung einer Idee. Hier ist aus afrikanischen Verhältnissen heraus etwas afrikanisch gestaltet.

Die medizinische Ausrüstung des Spitals aber – das mußte auch ein kritischer Schweizer Journalist zugeben, der vermutlich nicht zum Loben nach Lambarene gereist war, – die Spitalausrüstung wäre für jedes europäische Provinzspital vorbildlich. Alle diagnostischen Hilfsmittel, Röntgen- und Schirmbild-Apparaturen, alle notwendigen technischen Einrichtungen zur Therapie sind vorhanden. Das Labor ist durch Schweitzers Tochter Rhena ausgebaut, die Spitalapotheke birgt die neuesten Präparate und Medikamente sowohl der Basler, wie auch deutscher, französischer und amerikanischer pharmazeutischer Fabriken.

Das Leben in Lambarene ist das praktische Verhalten zum theoretischen Anspruch. Schweitzer selbst verkörpert diese Einheit von Wort und Tat. Ihm ist es gelungen, sein Leben mit den Forderungen seiner Philosophie in Einklang zu bringen. An ihm ist aber auch von jeher alle Kritik des Unverstandes abgelaufen «wie das Wasser an der Gans». Sein Wille ist dies: *Das Vernunftgemäße mit den einfachsten Mitteln verwirklichen.* Er will denen Arzt sein, die in der Not ihrer Schmerzen von weither zu ihm kommen, – er will den Schwarzen die Arbeit beibringen als etwas Selbstverständliches und Gutes – die zielbewußte wie die uneigennützige – er will sie zu einem ethischen Verhalten erziehen, sowohl ihren Mitmenschen wie jedem Lebewesen gegenüber.

Seit seinem Tode ist in Lambarene gar manches modernisiert und den Ansprüchen angepaßt worden, wie sie die heutige Entwicklungshilfe fordert. Das Wort war damals, 1955, kaum geboren – er kannte es nicht. Ist aber das, was er als Einzelner aus seiner Gesinnung und nach seiner Konzeption getan hat, nicht auch Entwicklungshilfe?

Wenn morgens um 8 Uhr der Gong zur Arbeit ruft, versammeln sich die, die arbeiten können, die Leichtkranken, die Genesenen, die Angehörigen, die den Kranken herruderten und nun warten, bis er entlassen wird, die Leprösen, deren Wunden geschlossen sind und die täglich – vielleicht noch während vielen Monaten – ihre Spritzen und Medikamente bekommen, zum Appell vor dem Doktorhaus. Auf seiner Veranda stehen alle Werkzeuge, Schaufeln, Hacken, und auch die Ruder für die Pirogen – als am einzig sicheren Ort.

«Présent pour moi», ruft ein jeder, wenn sein Name abgelesen wird, und ergreift sein Werkzeug; dann zieht der Doktor mit ihnen hinaus in die Pflanzung, auf den Bau ins Lepradorf, Arbeit anweisend, Arbeit erklärend, und jeden mit der Aufgabe bedenkend, die er zu leisten imstande ist. – Auf dem gleichen Hof liegen dann abends nach Feierabend die Rationenhäufchen, Kochbananen und Maniokstangen in Blätter gewickelt, die die Schweizer Hausbeamtinnen in den umliegenden Dörfern erhandelt haben; oft gibt es auch gedörrte Fische oder Reis, der in Schalen, Hüte oder Tücher ausgeschöpft wird. Sie passen sehr genau auf, die Hausbeamtinnen, daß die Ration ein Lohn der Arbeit sei. Ob nicht etwa der Alte, der für das Futter der zahmen Antilopen frische Maniokzweige im Wald zu holen hat, statt dreier Bündel schlau dreimal das gleiche über den Hof schleppt...?

Schweitzer ist grundsätzlich der Ansicht, daß die Schwarzen, die in dem nur von Gaben lebenden Spital Aufnahme und Hilfe finden, diesem durch die Arbeit ihrer Angehörigen oder – soweit sie ihrer fähig sind – durch die eigene dienen, sich erkenntlich zeigen und helfen sollen, den Betrieb des Spitals so billig als möglich zu gestalten.

Beim morgendlichen und abendlichen Appell vor dem Doktorhaus sitzt auch Greti, die Pflegerin im

Lepradorf an einem Tischchen unter den Mangobäumen, vor sich die Liste der Patienten, einen Korb voller Medikamente und Tabletten in vielen Schälchen. Auch sie ruft auf und einer nach dem andern tritt herzu, sperrt weit den Mund auf und bekommt von Viktor, dem einen Heilgehilfen, sein Medikament hineinbefördert und noch einen Löffel Calcium-Pulver dazu, während Frederic elegant und geschickt ein Glas Wasser hinterhergießt, ohne die Lippen des Empfängers zu berühren. Es ist dies die sicherste Methode, erklärt mir mein Onkel, die Medikamente dahin zu befördern, wo sie hingehören, ansonst sie gekocht, weggeworfen oder – und dies noch am ehesten, – verkauft würden.

In seiner Erziehung zu ethischem Verhalten gegen alles Leben – für das er die Formel «Ehrfurcht vor dem Leben» fand – betrachtet er es als einen großen Fortschritt, daß heute die Eingeborenen, wenn sie die gefährliche Gorillamutter erlegt haben, das Junge ins Spital bringen, damit es ohne die Alte nicht zugrunde gehe.

So ein Affenwaisenkind war auch Fritzli, der einjährige Schimpanse, der jetzt auf dem Hof vor der «Case du docteur» herumtollt. Er ist der lustigste Affenbube, den man sich vorstellen kann, steckt voller Lausbubenstreiche, benutzt ein schräggestelltes Brett als Rutschbahn, um immer wieder darauf hinunterzusausen und sich im Gras zu überkugeln. Manchmal spürt man plötzlich seine kleine Hand in der eigenen, und einmal sah ich ihn zu einem weinenden kleinen Mädchen hinschleichen und es tröstend umarmen.

Der Pelikan, der jetzt jeden Abend Onkel Berys Arbeitsruhe bewacht, wurde ihm ganz jung mit zwei Brüdern von kleinen Buben gebracht. Es kam allerdings heraus, daß sie den Pelikaneltern die Jungen weggestohlen hatten, um sie dem Doktor «zu verkaufen» – und sanft ist die Strafpredigt wohl nicht gewesen, die ihnen dieser als «Preis» geboten hat! Dann aber, was blieb ihm anderes übrig, als die drei häßlichen, nackten Vögel zu behalten und zu füttern? «Eine Kleinigkeit war das nicht», erklärte mir Onkel Bery, «denn junge Pelikane sind sehr ungeschickt, man muß ihnen die Fische in den Schnabel stecken», und da er das immer selber tat, hatte er bald die Arme voll blutiger Schrammen. Erst nach drei Wochen waren sie – die Siegfried, Lohengrin und Parzifal getauft wurden – so weit, daß man ihnen die Fische zuwerfen konnte. Als aber die Regenzeit kam und der Fluß stieg, brachte der Fischer täglich nur wenig Fische... das war schlimm, denn die drei Pelikanbrüder waren unersättlich.

«Gib nichts von den Fischen in die Küche,» – sagte mein Onkel zu der Pflegerin, die mit ihm die Vögel betreute, «gib sie alle den Pelikanen, sie haben sie nötiger als wir.» Einer von den dreien hat ihm die Fürsorge gelohnt, – die andern flogen davon.

Ich glaube die Stimme Onkel Berys nie zärtlicher und weicher gehört zu haben, als wenn er mit seinen Antilopen redete. Mit feuchten, sanften Augen schauen sie aus ihrem Gehege, unter seinem Fenster, wenn er sie beim Namen ruft: «Léonie, Léonore, Bichette...» Sie wurden ihm gebracht, als sie ein paar Tage alt waren und von Ali, der Holländerin, der großen Freundin der Tiere, mit der Flasche aufgezogen. Keine Mühe wird in Lambarene gescheut, wo es um Menschen geht – auch keine, wo es um Tiere geht. Ich sah eine sehr beschäftigte Pflegerin sich morgens und abends eine halbe Stunde Zeit nehmen, um kleinen mutterlosen Papageien die Breinahrung in die Schnäbel zu stopfen.

*

Am Sonntag ist Gottesdienst in Lambarene. Früher predigte Schweitzer selbst, «...jetzt bin ich manchmal zu müde». Ich dachte, als er das sagte, an jene Zeit, da er der Pariser Missionsgesellschaft das Angebot gemacht hatte, auf seine eigenen Kosten ihr Missionsgebiet im Gabon als Arzt zu betreuen. Damals hatten die strenggläubigen Mitglieder des Komitees größte Bedenken geäußert, die Dienste eines Arztes anzunehmen, der «wohl die rechte christliche Liebe, nicht aber den rechten Glauben hat», und im Hinblick auf Schweitzers theologischen Standpunkt sich erst beruhigt, als er ihnen versicherte, «daß er nur Arzt sein wolle und sich nicht als Prediger betätigen werde». Um den Missionaren und den schwarzen Christen in ihrem Glauben keinen Anstoß zu geben, nehme er sich vor, «stumm wie ein Karpfen zu sein». Als nach dem

Wiederaufbau des Spitals in Lambarene dieses von den Freunden des Werkes getragen wurde und Schweitzer von der Missionsgesellschaft unabhängig war, tat der Karpfen das Maul auf: Onkel Bery predigte.

An meinem ersten Sonntag in Lambarene predigte Emma. Sie muß sich größter Einfachheit befleißigen, darf nichts voraussetzen, sondern ganz elementar auf das eingehen, was die Hörer schon an sich erlebt haben oder erleben können, wenn sie den Sinn eines Gleichnisses in sich aufnehmen. Rechts von ihr stand N'bourou, ein Galoa, links der Heilgehilfe Frederic, ein Fang. Beide übersetzten Satz um Satz Emmas Predigt in ihre Sprache. Emma erzählte die Geschichte vom verlorenen Schaf. Aus jedem Satz, den sie sprach, machte Frederic deren drei oder vier. Als sie schilderte, wie Jesus auszog, das Lamm zu suchen, wurde Frederic dramatisch, zeigte in ausdrucksvollen Gebärden, wie Jesus vorwärtsging, bald nach rechts, bald nach links, wie Dornenranken seine Füße umstrickten, wilde Tiere ihn bedrohten – ohne zu verstehen, verstand ich alles, denn Frederics Übersetzung war eine großartige schauspielerische Leistung...

Der Gottesdienst fand im Freien statt, rund herum saßen die Kranken unter den weit vorspringenden Dächern der Spitalbaracken. Ergreifend war ihre Andacht. Vor mir saß Mamma Hélène, eine rührende alte Frau, die im Lepradorf die Kinder betreut. Sie trug ihren Sonntagsstaat, ein weißes

Nachtjäckchen mit St. Galler Stickereivolants, das einmal einer Schweizer Großmutter gehört haben mag. In der Galoa- und in der Fangsprache zusammen sang man: Herr bleib bei uns, denn es will Abend werden.

Galoas und Fang sind feindliche Brüder, die man, auch wenn sie krank sind, besser nicht unter einem Wellblechdach vereinigt. Drum liegen unten am Fluß die Unterkunftsräume der Kranken nach Stämmen gesondert. Klein, kräftig, aber unschön von Wuchs sind die Fang. In den dauernden blutigen Fehden, in denen die Stämme lebten, bevor die Weißen ins Land kamen, haben sie kleinere Stämme der Ogoweniederung, wie die Galoas, fast aufgerieben. Etwa fünfzehn verschiedene Stämme finden sich im Spital, erklärte mir mein Onkel, das bedeutet ebensoviele Sprachen. Keiner kann den andern verstehen, und so ist ihr sonderbares Negerfranzösisch die einzige Sprache, die ihnen gemeinsam ist.

«Wir Weißen haben nicht nur Alkohol und Syphilis, sondern auch den Frieden in diese Gegenden getragen, und Du wirst sehen, daß wenn diese Völker einmal ihre Unabhängigkeit erlangen, die Stämme sich wieder bekriegen werden wie eh und je. Die Alten wissen das wohl, die Jungen aber, die jetzt die «participes passés» kennen und sich nicht wenig darauf einbilden, die wissen das nicht...» – War das Prophezeiung, auf heutiges Geschehen weit hinausschauend?

Einer dieser Jungen war Theodore, der beim Erdeschaufeln im Lepradorf vor sich hinmaulte. Vor vier Jahren brachten Leute aus seinem Dorf den leprösen Buben ins Spital, heute ist er dank moderner Lepratherapie sozusagen geheilt und wird wohl bald einmal in sein Dorf zurückkehren. Den Kopf hat er voll unvergorener Ideen, und vor allem gefällt ihm Schweitzers Arbeitstherapie ganz und gar nicht. Vermutlich war es sinnlos, bestimmt aber fruchtlos, daß ich mich – entgegen Onkel Berys Prinzip – in eine Diskussion mit ihm einließ. Ob das Lepradorf für die Weißen oder für die Schwarzen gebaut werde? Ob er nicht wisse, daß die Weißen, die dem Doktor das Geld für Zement, Hartholzbalken und Wellblechdächer schenkten, dieses Geld auch mit Arbeit erst verdienen mußten? Und ob er nicht denke, daß auch er mit seiner Arbeit mithelfen sollte, das Dorf zu bauen, das Dorf für Menschen, die so krank sind wie er es war? – Theodore hörte mit frommen Augen mir aufmerksam zu, die Logik des Vorgebrachten ließ ihn kalt, – als ein erster jugendlicher «contestataire» in Lambarene blieb er dabei, daß in Europa Buben seines Alters nicht arbeiten ... Dann, mit raschem Blick auf meine Uhr, verkündete er strahlend, daß es Zeit sei für die Spritze, die der schwarze Heilgehilfe ihm jeden Tag verabreicht, und daß es mit der Arbeit für heute fertig sei!

«Lieber Bery ...» – (ich wollte ihm von Theodore erzählen) – «Sag eher: armer Bery ...» unterbrach er mich – müde kam er aus dem Spital herauf. Als

6 Onkel Berys besondere Lieblinge waren seine Antilopen, nie war seine Stimme zärtlicher, als wenn er sie bei ihren Namen rief: «Léonie, Léonore, Bichette...». Die kleine Zwergantilope hatte ihren Platz in seinem Zimmer.

7 Der Achtzigjährige mit seiner Nichte in Lambarene.

wir dann auf den Stufen vor seinem Haus saßen, erzählte er zu diesem Thema mir eine andere Geschichte: Der Tornado nahte, in kürzester Zeit würde das Wasser in Bächen vom Himmel stürzen, es galt, kostbares Bauholz noch vor dem Regen in Sicherheit zu bringen. Der Doktor schleppte Balken. «Hilf mir», sagte er zu einem fremden, weißgekleideten jungen Schwarzen, der da stand, «Du siehst, es eilt...» «Ich bin ein Intellektueller,» antwortete erstaunt der andere, «ich arbeite nicht mit den Händen...» Darauf der Doktor: «Da hast Du aber mehr Glück gehabt als ich, auch ich wollte unter die Intellektuellen – wie Du siehst, ist es mir nicht gelungen...»

Einmal bin ich zur protestantischen Missionsstation Andende, ein paar Kilometer flußabwärts gefahren und habe das Haus gesehen, in dem Onkel Bery mit seiner jungen Frau wohnte, als er nach Afrika kam. In der Missionsschule haben die Schüler uns mit einem Choral empfangen. Dann sagten sie im Chor ein Gedicht... «Weißt Du, was die kleinen schwarzen Wollköpfe und die kleinen Mädchen mit den unzähligen, steifen, bolzgrad abstehenden Zöpfchen heute deklamiert haben?» fragte ich beim Heimkommen. «Pâle étoile du soir, messagère lointaine...» Onkel Bery lachte: «Alfred de Musset!» – «Und weißt Du auch, wie ihr Geschichtsbuch anfängt?» «Nos ancêtres, les gaulois...!» – «Ja,» sagte Onkel Bery, «die Missionsschulen haben das gleiche Lehrprogramm wie die Schulen in Frankreich. Wenn man doch nur verstehen wollte, daß die Kultur nicht mit Lesen und Schreiben, sondern mit Ackerbau und Handwerk beginnt! Wenn ich etwas zu sagen hätte, so sollte kein Schwarzer lesen und schreiben lernen, ohne zugleich Lehrling in einem Handwerk zu sein...»

*

Und nun kam der 14. Januar 1955 – der achtzigste Geburtstag. Drei Tage vorher war Tante Helene angekommen. Die Spitalglocke läutete, und das ganze Spital versammelte sich zu ihrem Empfang am kleinen Landungssteg. Die Ruderer hörte man von weitem schon singen, um zu verkünden, daß sie «Madame Docteur» in ihrer Piroge zum Spital brächten. In einer Gasse von ausgestreckten schwarzen Händen stieg die alte Frau mühsam, sehr mühsam den Hügel hinauf. Sie hatte trotz großer körperlicher Schwäche es sich nicht nehmen lassen, an seinem Geburtstag neben dem Gatten zu stehn.

Im Spital ist heute alles früh auf den Beinen. Um 7 Uhr versammeln sich Ärzte, Pflegerinnen und alle, die zur Hausgemeinschaft gehören, leise auf der Veranda des Doktors. Wir singen ihm das traditionelle Geburtstagslied: «Ach bleib mit Deiner Gnade...» – alle Strophen; dann wird von innen der Vorhang gezogen, das gütige, geliebte Antlitz erscheint unter der Tür und strahlt heute in geradezu jugendlicher Frische. Der Doktor drückt weiße und schwarze Hände und nimmt gerührt die bescheidenen Gaben in Empfang, die die Schwarzen ihrem «Grand-docteur» bringen. Sie kommen in langer Reihe, die «Infirmiers» in ihren frischen, blauen Hemden, die Kranken, die schon lange hier sind, sie alle, die zum Bestand dieses Spitals gehören, das so viel mehr als ein Spital ist und manchem Heimat wurde. Obiang erscheint mit einem Korb frischer Erdnüsse und einen Strauß gelber Hibiskusblüten «pour Madame docteur». Da bringt einer ein Ei, dort gar ein Huhn, einen selbstgeflochtenen Korb oder eine besonders schöne Ananas. Sie haben etwas Biblisches, diese Geschenke. Den Schluß des langen Gratulationszuges bildet der, den der Doktor «Daumier» nennt, der, von der Lepra geheilt, aus Dankbarkeit als Arbeiter im Spital bleibt und mit seinem ironisch-durchtriebenen Kopf gar nicht weit vom Modell eines Daumier'schen Advokaten steht.

«Ich danke Euch allen, die ihr gekommen seid», sagte der Doktor in seiner kleinen Ansprache an die Schwarzen. «Jetzt geht essen, und wenn der Gong ertönt, so kommt wieder. Weil ich heute einen Festtag feiere, wollen wir wie immer zusammen arbeiten gehn. Um 4 Uhr aber hören wir auf, und jeder bekommt eine Extra-Ration . . .»

Der Frühstückstisch im Eßsaal war mit Tannenzweigen aus dem Günsbacher Wald geschmückt, die der «Herr Maire» zu diesem Tag geschickt hatte. Für den Doktor erschienen die beiden gebackenen Eier, die – eine seltene Delikatesse – hier jeder zu seinem Geburtstag erhält. Vor der Türe sang mit rauhen Stimmen der Chor der Leprösen eine Weise, in deren eigenartigen Rhythmen immer wieder das Wort «Aborrah» erklang – «aborrah» aber heißt Dank.

Beim Frühstück saß auch die Equipe von Radio Diffusion Française, die in aller Frühe gelandet war, – betrübte Gäste. Mein Onkel war nicht zu bewegen, an diesem Tag im Radio zu sprechen. Er hatte sie gebeten, nicht zu kommen, sie hatten es doch getan – mir taten sie leid. In der Stille wollte der Achtziger seinen Tag begehen, aber ganz gelang es ihm doch nicht. Daß N'bourou, der Postbote, Hunderte von Telegrammen und über tausend Briefe von der Insel Lambarene, auf der die Poststation steht, in Säcken über den Fluß ruderte und den Hügel hinaufschleppte, war nicht zu verhindern. Zum Mittagessen aber erschien in einem französischen Militärflugzeug hoher Besuch: Mr. Robert Mc. Gregor, der amerikanische Generalkonsul in Leopoldville mit Mr. Chester Bowles, dem einstigen Gesandten der Vereinigten Staaten in Indien und Gouverneur von Connecticut.

Ursula, die junge Schweizer Hausbeamtin, hat die gastronomische Anforderung des Tages glänzend bewältigt: es gibt Büchsenspargel mit Mayonnaise, dann Maccaroni mit Tomatensauce, geriebenem Käse und rohem Speck, Onkel Berys Lieblingsgericht, – dazu Elsässerwein. Zu Beginn der Mahlzeit hält der Jubilar eine Rede, kurz, strahlend, herzlich. Er gedenkt all seiner Mitarbeiter, der einstigen wie der heutigen, voll des Dankes für ihre Hingabe an sein Werk. Für sich wünscht er nur eines: er möchte weiter arbeiten können als einer «qui ne donnera pas sa démission» solange es in seiner Kraft steht. Charmant und ebenso schlicht antwortet der Generalkonsul, Überbringer einer Botschaft des Honourable John Foster Dulles, deren höchst ehrenvollen Text er verliest.

Jetzt kommt es schnell und leichtfüßig den Hügel hinauf: die Missionsschüler von Andende, alle sonntäglich gewandet. Sie singen mehrstimmig, Buben und Mädchen – es klingt schön, und Fritzli, der Schimpanse, ist so emotionniert, daß er beim ersten Ton schon ein Brünnlein machen muß.

Das Ergreifendste an jenem Tag war dies: Am späteren Nachmittag, nachdem die offiziellen Gäste in ihre Boote gestiegen waren, beerdigte Schweitzer seinen treuen Diener Auguste. Seit Tagen lag der alte Mann in seiner Case und wartete auf den Tod. Schon konnte er nicht mehr mit seiner Stimme, nur noch mit seinen Händen reden, mit Händen, dürr wie Zweige. Seine weitgeöffneten Augen unter der emporgezogenen Lederhaut der Stirn waren auf das Bild des Doktors geheftet, das in der Nachbarschaft von Alpaufzug und Appenzeller-Trachten seinem Bett gegenüber an der Bretterwand hing. Als ich bei ihm war und ihm zum Abschied die Hand reichte, hielt er sie fest. Dann legte er seine andere Hand darüber und bedeutete mir, daß nun auch die andere weiße sich bergend über die seine legen solle. In der

Nacht zu des Doktors achtzigstem Geburtstag ist Auguste gestorben.

Auf dem Friedhof am Weg ins Lepradorf wurde er begraben, in der Ecke, die «le coin des fidèles serviteurs» heißt, wo die treuen Diener liegen, – auch André Loembe, der Koch Savorgnan de Brazza's. Still ist es in dieser Kathedrale von Palmen, kein Lufthauch regt sich, nur ein paar handgroße Schmetterlinge taumeln über die aufgeworfene gelbe Erde, und vorbei an den Füßen des Doktors, der barhäuptig am Grabe steht, gleitet eine dünne, schwarze Schlange. Feierlich stehn die hohen Ölpalmen in ihrem «Hemd» von dürren Wedeln, (la chemise du palmier), das unter einer herrlich grünen Krone braun am Stamm herabhängt. Den Waldboden bedecken – von grauen Ananasstauden und Farren überwuchert – die riesigen gezahnten Rippen vermoderter Palmzweige – wie Teile vorsintflutlicher Skelette. Über dem Grab, in das vier schwarze Heilgehilfen die ganz in Palmblätter eingebundene Leiche des alten Mannes gelegt haben, hält der Doktor seinem treuen Diener die Grabrede. Er spricht über den treuen Knecht der Bibel und über Auguste, der über 25 Jahre der treueste Diener war, – über Auguste, der die Arbeit geliebt hat. Mir schien, als seien die Gedanken über Treue, Pflichterfüllung und Gewissenhaftigkeit, die der Doktor an Augustes Grab vor uns alle – Ärzte, Pflegerinnen und viele Schwarze – hinlegte, ein Bekenntnis zum Wesentlichen im Zusammenleben der Menschen, das er an diesem Tage uns mitgeben wollte. Die Schwarzen hingen an seinem Mund. Zuvorderst stand der kleine «Albert docteur», ein lepröser Bub in seinen Krücken – denn seine Füße sind unförmig verbunden – und wendete kein Auge von dem weißen Mann, dessen Namen er trägt ...

Der Doktor wirft eine Handvoll Erde in die Grube, wir alle tun ein Gleiches. Nicht mit dem hohlen, grausamen Geräusch der auf einen Sarg polternden Scholle, sondern weich und mütterlich deckt sie den Toten zu. Als die Krankenpfleger die Grube zuschaufeln, hilft «Petit Poisson», der arme Irre, der Augustes Freund gewesen, mit beiden Händen – und mit seinen bloßen Füßen stampft er die Erde fest.

Es hat Jahrzehnte gedauert, so sagte mir mein Onkel, bis er die Schwarzen dazu gebracht hat, einem Toten das Geleit zu geben. Und nur langsam hat er sie von jener Angst vor den bösen Geistern befreien können, die, in ihrer Vorstellung, sich eines Toten bemächtigen.

Einmal führte Ali mich zur Case von «Petit Poisson». Da haust er zwischen den seltsamsten von ihm zusammengetragenen Dingen. Sein Kissen – ein Stück Holz, anders will er es nicht. Manchmal verschwindet er im Wald und kommt tagelang nicht wieder. Niemand weiß, woher er kam, und keiner versteht seine Sprache. Und so ist es mit Mamma «Sans nom». Auch sie versteht keinen, und keiner versteht sie. Man weiß nicht, welchem Stamm sie zugehört. Von weit her ist sie ganz allein im Einbaum den Fluß herab gekommen, eine große üppige Frau, die fast nackt herumläuft, immer die Pfeife im Mund. Hier ist sie glücklich, man läßt sie in Ruhe, sie ist beschützt, man gibt ihr zu essen und sie hat ein Dach... eine Hütte will sie nicht.

*

Es war an einem meiner letzten Abende in Lambarene. Der Gong – zwei ungleich lange und daher verschieden klingende Schienenstücke, die vor dem Eßsaal auf dem Hügel hangen und in einem bestimmten Rhythmus abwechselnd angeschlagen werden, – hat den Feierabend verkündet. Er regelt das Leben im Spital wie im Dorf die Kirchenuhr. Ich sitze mit Onkel Bery auf den Stufen zu seiner Veranda, er hat einen alten Leinensack für mich darüber gebreitet. Drunten im Spital kochen die Schwarzen auf ihren offenen Feuerchen die Abendmahlzeit. Blauer Rauch steigt über die roten Wellblechdächer. Unter uns zieht der Fluß, gleichmäßig, lautlos, breit durch die Stämme der Palmen. Als schwarze Silhouetten stehen sie vor dem Abendhimmel. Kurz wird die Dämmrung sein – wir sind unter dem Äquator, wo das ganze Jahr hindurch der Tag von morgens 6 Uhr bis abends 6 Uhr dauert. Bald werden in den Palmen die Sterne flimmern, als hätte man sie hineingehängt. Er schweigt, mein Schweigen antwortet dem seinen. Schweigen kann das schönste, innigste Gespräch sein. Und dann kam es plötzlich, das Wort, das ich so manches Mal auf dem Kanzrain, dem Felsen über unserem Dorf gehört hatte: «Gelt, das ist schön...»

*

Der Abschied von Lambarene war schwer. «Obiang wird Dich morgen über den Fluß rudern und Du darfst bestimmen, wer Dich begleiten soll», sagte mein Onkel. Das war eine Ehre. Der schwarze Obiang war das geschätzte Faktotum des Spitals, mit ihm war ich im Kanu durch die Papyrussümpfe geglitten, wo der Papyrus über mannshoch stand; in einer Astgabel hatte er mir die dicke, zusammengerollte Boa gezeigt: «Regarde le serpent, il dort» und geschickt auf schmalem Wasserlauf den Einbaum durch Vorhänge von Lianen und das phantastische Gewirr der Luftwurzeln uralter Bäume gelenkt.

Das Letzte, was ich von der Mitte des Flusses noch sah, war die geliebte Gestalt unter den Palmen am Ufer, auf der Lände, die mein Onkel mit Emma zusammen gebaut hatte – «für drei verschiedene Wasserstandshöhen, bitte!» Dann habe ich noch einmal diese Stromlandschaft in mich hineingenommen, wo sie heute noch liegt.

Nun zog das Flugzeug, in dem die wenigen Plätze von Eingeborenen besetzt waren, über den Urwald. In Libreville hatte ich einen Tag zu warten, bis der «größere Vogel» kam und mich mitnahm – über Douala, Kano, durch den Sternenhimmel über die Wüste und das Meer nach Marseille. Das Hôtel de la Résidence in Libreville lag am Meer. Es war Sonntag. Mit meinen Gedanken war ich in Lambarene, und so klappte ich die kleine Reiseschreibmaschine auf:

«Mein liebster Bery, Nun sitze ich in Libreville vor dem großen Meer. Bei Euch ist Sonntagnachmittagsstille, und ich bin ganz bei Euch, mit einem Herzen voll Dank und Glück. Der Flug hierher war grandios. Eure Dächer konnte ich vor lauter Heulen nicht sehen – dann aber war es, als ob man das Werk des zweiten Schöpfungstages – oder war's der dritte? – aus dem Himmel erlebe, da Gott die Wasser von der Erde schied und aus den Wassern das Trockene stieg, das Gott Erde nannte. Du kannst Dir nicht vorstellen, wie die unendlichen Meander von Strom und Flüssen gegen das Delta und die Seen dazwischen urweltlich großartig sind, von da oben gesehen ... Ich saß gestern lange am Meer auf einem der angeschwemmten Baumstämme unter den zauberhaften Kokospalmen. Ist das schön, dieser zarte Saum des Ozeans! Schöner sind nur noch die Palmen über Augustes Grab. – In einer halben Stunde holt mich der Autobus der Air France ab, und morgen früh bin ich in Europa. Das große Erlebnis Afrika ist zu Ende. Grüße alle, die so lieb zu mir waren ... Heute Abend singt Ihr wieder «Zions Stille ...»; ich werde an Euch denken. Wie oft werde ich noch an Deine Abendandachten denken ...! A toi de tout coeur ...»

AM ABEND EINES LEBENS

Es kam einmal ein Basler Professor nach Lambarene, hatte allerlei Gedanken und Pläne für die Zukunft des Spitals und wollte sie mit dem sich der Vollendung seines achten Jahrzehnts nähernden Doktor besprechen. Mein Onkel sitzt auf seinem Bett – der Professor neben ihm. Still hört er sich an, was der Gast ihm darlegt. Dann winkt er ab: «Lieber Freund, dazu ist noch Zeit! Ich habe beschlossen, 90 zu werden.» Es klingt wie Herausforderung an das Schicksal – aber dieses Schicksal hat seinen «Beschluß» ratifiziert. War es Gnade? Wenn ich Schritt um Schritt mich zurückerinnere und dieses letzte Jahrzehnt von Onkel Berys Leben überdenke, so will mir scheinen, es sei das schwerste und bitterste seines langen Daseins gewesen. Daß es ihn zwang, in den Kampf gegen die Atombombe einzutreten, sich glühend gegen die Atomversuche einzusetzen, in Appellen, Kampfartikeln und unzähligen Briefen in die ganze Welt seine Kraft aufzubrauchen, war das Gnade des Schicksals?

Jetzt wurde er angegriffen, angefeindet oder nicht ernst genommen und willentlich übersehen. Der Verehrte wurde ein Mißverstandener, ein Umstrittener. Warum setzte er sich nicht zur Wehr, wie die Freunde es möchten? Er schwieg. «Du weißt, j'ai un coeur d'ange dans une peau d'hippopotame.» Kritik, zu der man schweigt, läuft sich selber tot – sie geht gleichsam an Sauerstoffmangel ein.

Kam es mir so vor oder war es wirklich so? Mir schien, als ob Albert Schweitzer sich leise aus den persönlichen Beziehungen herauslöse, um sich ganz dem zuzuwenden, was sein Denken ausfüllte. In seinen Briefen war er mir gewiß nicht weniger nah, aber er schrieb seltener, die arme Schreibkrampfhand streikte. Noch nahm er teil an allem, was unser Leben war, – aber den bedeutendsten Platz auch in seinen Briefen nahm der Kampf ein, in den er sich aktiv eingeschaltet hatte. Da war noch einmal etwas Großes in sein Leben gekommen – etwas, vor dem Kleineres zurückzutreten hatte: er fühlte sich aufgerufen.

Kam er nicht aus dem tiefsten Gefühl der Ehrfurcht vor dem Leben, jener Mahnruf aus Lambarene, der durch Radio Oslo verbreitet wurde, und in dem Schweitzer die öffentliche Meinung in allen Ländern gegen die weiteren Versuche mit der Atombombe aufrief, Versuche, die mit der Vermehrung radioaktiver Elemente die ganze Menschheit in künftigen Geschlechtern bedrohen?

Schweitzers Ethik ist eine absolute und hat ein ganz anderes «Seelenklima» als der humanitäre Idealismus. Sie versetzt den Menschen in einen permanenten Zustand von Schuldhaftigkeit und ihre erbarmungslose Kompromißlosigkeit mag an gewisse ethische Forderungen Jesu erinnern. Schweitzer lebt seine Ethik und setzt sein Denken in die Tat um. In diesem Sinne ist sein Einsatz gegen die Atombombe zu verstehen.

In seinem Buche «Wesen und Bedeutung Albert Schweitzers» stellt Werner Picht die Frage, «was es mit einer Ethik für eine Bewandtnis habe, die von der Theologie abgelehnt wird, von der die Philosophie kaum Notiz nimmt, die aber das ethische Denken und Empfinden tiefer beeinflußt hat als jede andere ethische Äußerung unserer Zeit. Karl Barth hat Schweitzers Ethik als einen «Aufschrei» bezeichnet. Für Picht besteht das Ereignis jener Stunde auf dem Ogowe, da der Begriff Ehrfurcht vor dem Leben plötzlich vor Schweitzers Seele stand, dies: «daß eine vom Weh der Welt gequälte und durch die Schule der Liebestechnik Jesu gegangene Seele den artikulierten Ausdruck für das sie erfüllende Empfinden gefunden hat... Der ethische Wille, der um dieses Wort gerungen und es ins Dasein gerufen, hat ihm Flügel gegeben. Die Tat, in der es sich verwirklichte, hat ihm Glaubhaftigkeit verliehen...»

Schweitzer schreibt die Wirkung seiner Ethik der Ehrfurcht vor dem Leben deren Denknotwendigkeit zu. Und wenn nun die systematische Ausarbeitung dieser Ethik in seiner Kulturphilosophie, an der er Jahrzehnte lang in Urwaldnächten arbeitete, und die heute nur in unzähligen, Dutzende von Malen überarbeiteten Skizzen oder immer wieder umformulierten, und immer wieder neu geschriebenen Kapiteln unfertig daliegt, so kommt es vielleicht – und er mag das geahnt haben – auf diese Ausarbeitung gar nicht mehr entscheidend an. «Der ethische Wille, den er verkörpert, wirkt unmittelbar von Wille zu Wille.» (W. Picht)

*

Lambarene, 27. 10. 56

«Liebes Suzy,

Eben trage ich Deinem Schwiegersohn liebe Grüße an Dich auf. Aber da schlägt mir das Gewissen, daß Du nach so langem Schweigen mit Grüßen abgespeist werden sollst. Und so lasse ich an die arme Hand und die überanstrengten Augen die Aufforderung ergehen, neben allem, was für diesen Sonntagnachmittag an Arbeit für sie vorgesehen ist, auch noch ein Briefchen an Dich zu bewältigen. Weil Du es bist, bequemen sie sich dazu, obwohl ich sie leise gemahnen muß: ‹Knurre nicht, Pudel›. (...) Es ist vier Uhr. Seit morgens 8 Uhr sitze ich Briefe schreibend am Tisch, sans bouger, sans faire de sieste, und so wird es bis Mitternacht gehen. Wenn ich den Kopf hebe, sehe ich das Kreuz auf Emmas Grab vor meinem Fenster in Weiß neben der hellgrünen Dattelpalme schimmern und drunten glitzert der Fluß im Sonnenschein zwischen den Palmen hindurch. Und die Gedanken gehen auf das Reformationsfest, auf Allerheiligen und Allerseelen hin. Mein Leben ist durch Emmas Tod noch schwerer als da Du hier warst. Ich habe wieder Bauarbeiten seit Wochen und für Wochen. Gebäude (Wohnungen für die Infirmiers noirs), die noch mit schlechtem, weichem Holz gebaut wurden in der ganz ersten Zeit des neuen Spitals und umfallen, müssen durch solche mit Hartholz-Charpente und Wellblechwänden ersetzt werden. Das heißt, daß ich wieder fast die ganzen Tage seit langen Wochen (es handelt sich um 5 dreizimmerige Gebäude!) auf einem Chantier in der Nähe des Hauses der Geisteskranken verbringe. Seit drei Wochen wird mir die Sache erleichtert. Ein junger, wie es scheint begüterter Amerikaner, der in seinem Wagen in Afrika herumfährt und bei uns durchkam, hat seine Reise abgebrochen Anfang Oktober, um mir bis zu seiner Rückkehr nach USA am 15. Dezember zur Verfügung zu stehen. Er war Offizier und versteht ein klein bißchen etwas vom Bauen. Er weiß auch gut mit den Schwarzen umzugehen. Auch wenn ich auf dem Bauplatz sein muß, werde ich jetzt weniger müde und nervös, da er die schwarzen Brüder überwacht und ihre Arbeit leitet. Nur die richtigen Charpentiers darf er nicht kommandieren, die erkennen nur mich als Chef an.

An Ärzten habe ich in diesen Wochen zwei bekommen, einen, Dr. Friedman, aus Israel, und einen Dr. Coulon, der geborener Belgier ist, aber in Südafrika aufgewachsen ist und dort seine Studien gemacht hat.

Sie sind tüchtig und nett. Die doctoresse van der Kreek kann Ende des Jahres in Urlaub gehen. Daß ich die nötigen Ärzte und in guter Qualität habe, ist ein Lichtschimmer in meiner trüben Existenz. De coeur Dein alter Bery.

Ich danke in Deinem Namen der Hand und den Augen für die Mehrleistung.»

Der Schreibkrampf in seiner rechten Hand, von dem Onkel Bery sagte, daß er ihn von seiner Mutter geerbt habe, hat ihm schon immer zu schaffen gemacht. Um die Hand weniger zu ermüden, hatte er ihr seine Schrift angepaßt. In den letzten Jahren, da der Krampf immer beschwerlicher, wurde die liebe Schrift immer kleiner.

Am 1. Juni 1957 ist in der Pflegerinnenschule in Zürich meine Tante Helene Schweitzer gestorben. Eine Woche vor ihrem Tod war sie von ihrem achten und letzten Aufenthalt in Lambarene zurückgekommen, um für ihr müdes, erschöpftes Herz bei der jungen Familie ihrer Tochter am Zürichsee Erholung zu finden. Seit Jahren hatte ein unglaublich zäher Lebenswille die zerbrechliche Frau aufrecht erhalten. Mit einer erstaunlichen Energie hatte sie immer wieder die Aufenthalte in Lambarene ihren schwachen Kräften abgerungen, wenn sie auch im Spital nicht mehr aktiv mitarbeiten und an vielem nicht mehr teilhaben konnte, wenn auch die tropische Hitze ihr schwer zu schaffen machte, und der Tropenhelm fast zu schwer schien für das zarte Ge-

8 Wann immer er nach Afrika fuhr, trug der Reisende den abgeschossenen Filzhut von nicht mehr bestimmbarer Farbe, der an die 40 Jahre alt sein mochte, als er mit Onkel Bery ins Grab gelegt wurde.

9 In seinem Haus in Günsbach sitzt Onkel Bery an seinem Arbeitstisch. Er blickt hinaus auf das Sträßlein, das einst sein Schulweg war. Kein Günsbacher geht vorüber, ohne einen Gruß zu tauschen mit dem Manne am Fenster, der zu ihnen gehört.

sicht. Die kleine gebückte, 78jährige «Madame Docteur» stand, wo sie konnte, neben ihrem aufrechten Mann und war glücklich, mit ihm in der Atmosphäre des Werkes zu leben, das sie zusammen begründet hatten. So habe ich sie noch am 80. Geburtstag meines Onkels gesehen. Sie hatte sich immer gewünscht, in Lambarene zu sterben – nun ging ihre Asche nach Lambarene und wurde auf dem Hügel unter den Palmen bestattet, wo Emmas Asche ruht und wo jetzt auch Onkel Bery begraben liegt, dem Hügel, an dessen Fuß der große Fluß vorüberzieht, der an dem Stück ihres Lebens vorbeigeglitten, das ihr das wesentliche war.

25. 1. 1959

«Liebes Suzy,

Tausend Dank für Deinen lieben Brief. Ich schreibe Dir an meinem Tisch in der salle de consultation, um 8 Uhr morgens, wo gerade der Betrieb losgeht. Auf dem Tisch hinter mir, in einer Kiste, ein Bébé chimpanzé, petite fille, von drei Monaten.

Wie Du habe ich zurückgedacht an die Zeit, wo Du hier warst. Das war schön. Jetzt ist der Betrieb noch viel größer geworden. Für diesen Geburtstag hatte ich alle Besuche ferngehalten. (Das Bébé chimpanzé brüllt, weil es die Zeit seines Schoppens ist.)

Als Du erfahren hast, daß die USA und England endlich einwilligen, einen für ständig geltenden Vertrag über das Aufhören der Atombombenversuche mit Sowjetrußland abzuschließen, hast Du vielleicht

an mich und die andern Mitverschworenen gedacht.
(...) Ich handle meinem inneren Wesen nach. ‹Hervorragendes Verständnis für geschichtliches Geschehen› hat der Oberschulrat Albrecht in mein Abiturientenzeugnis eintragen lassen. Als einer, der sich klare Rechenschaft gibt von den Problemen, mit denen es unsre Zeit zu tun hat, urteile und handle ich und will denen im Wege stehen, die Lenkerposten der Geschicke unserer Zeit innehaben ohne zu verstehen, was in ihr vorgeht. – Meine nicht, daß ich Dich bekehren will. Aus Freundlichkeit rede ich mit Dir, damit Du weißt, was mich in meinem Unternehmen leitet. (...)

So: Jetzt, nach diesem lieben Schwatz mit Dir, gehe ich an die Arbeit.
De coeur Albert Schweitzer

Lambaréné, 26. 1. 1964

«Ma chère,

Tausend Dank für Deinen Brief zum Geburtstag mit allem Lieben und Schönen, das drin steht. Schön, daß Du ein neues Farbband genommen hast, aber es ist noch blaß für meine Augen. Ich bin an diesem Sonntag ‹de garde› und schreibe Dir an meinem Tisch im Spital. Unter dem Tisch liegen vier schwarze Schafe, auf dem Tisch schlafen drei Katzen.

Ich danke Dir, daß Du mir das Programm des Konzertes* schickst. So kann ich danken. Das Dan-

---

* Ein zu Schweitzers Geburtstag in Zürich veranstaltetes Konzert.

ken ist mir eine ernste Sache. Und ich habe es nicht leicht mit dem Danken, weil ich immer noch am Schreibkrampf leide.

Der Tod Kennedys geht mir sehr nahe. Wir standen in Beziehung zueinander. Den Brief, den ich ihm nach dem Moskauer Abkommen schrieb, hat er in allen amerikanischen Zeitungen veröffentlicht. Er ist dahingerafft worden, weil er Mut zeigen wollte. Der Präsident von Texas hat ihm abgeraten zu kommen, weil die Sache zu gefährlich sei. (...) Glücklicherweise will Johnson Kennedys Atompolitik fortsetzen und will auch die Sparmaßnahmen, zu denen Kennedy gelangt war, fortsetzen.

In der Philosophie setzt sich meine Humanitätsethik der Ehrfurcht vor dem Leben mehr und mehr durch. Es ist etwas ganz Unglaubliches gewesen, daß man bei einer Ethik verblieb, die nur Gütigkeit und Barmherzigkeit gegen den Menschen und nicht auch gegen die Kreatur verlangt. Noch Kant legte fest, daß die Ethik nichts mit unserem Verhalten gegen Tiere zu tun habe!

Diese unvollkommene Ethik konnte natürlich nicht begründet werden. Dies ging mir, als ich als Gefangener in Afrika 1915 an ‹Kultur und Ethik› arbeitete, auf. – Ich meinte, diese neue, tiefere Ethik müsse sich in Kämpfen durchsetzen. Sie setzte sich ohne Kämpfe durch. Damit kam mein Denken in die Nähe des indischen, denn auch dieses verlangt ein ethisches Verhalten zu aller Kreatur. So sehen mich die indischen Denker als einen der Ihren an. Ich stand seit Jahren in ihrer Gunst, weil ich ein Buch über die indischen Denker geschrieben habe, das alsbald auch ins Englische übersetzt worden war. Seither sind sie mit mir beschäftigt. – Sie konstatieren, daß es ein Ereignis für die Philosophie als solche bedeutet, daß die indische und die europäische Ethik denselben ethischen Grundsatz der Güte zu aller Kreatur haben. Sie erwarten, daß wir auf dem Wege zu einer einheitlichen Weltphilosophie sind. Ich weiß nicht, ob ich Dir schon ein indisches Büchlein gesandt habe, das sich mit meiner Philosophie beschäftigt. Ich lasse es Dir durch gewöhnliche Post zugehen.

Mit lieben Gedanken an Dich und Deinen Mann Herzlich Albert Schweitzer.»

Das Büchlein ist nie angekommen.

Wie würde Onkel Bery sich freuen, wüßte er, daß heute in der Schweiz Radio und Presse sich vor großen Verkehrstagen an die Automobilisten wenden und sich für den Schutz von Lurchen, Salamandern, Kröten und anderem Getier vor gedankenlosem Überfahrenwerden einsetzen, ja, daß Straßen, die von den großen Krötenlaichzügen zu Weihern und Tümpeln überquert zu werden pflegen, stellenweise abgesperrt werden. Ich wollte, ich hätte ihm das schreiben dürfen ...

*

Albert Schweitzer zum 90. Geburtstag

Zu meines Onkels 90. Geburtstag habe ich den in der Neuen Zürcher Zeitung erschienenen Artikel geschrieben. Was ich 1965 schrieb, wäre ich besser zu sagen heute nicht imstande. So möge es hier stehen.
(Neue Zürcher Zeitung, Nr. 77/78 vom 9. Januar 1965)

Am 14. Januar begeht in seinem Spitaldorf von Lambarene ein sehr alter Mann seinen 90. Geburtstag. Noch verbinden ihn unendlich viele Fäden mit der Welt, die, nun er zu ihr nicht mehr kommt, ihn in Lambarene sucht. Er wird nie mehr nach Europa kommen, er wird dort in seinem afrikanischen Spitaldorf bleiben bei jenen, zu denen er seinem eigenen Ausspruch nach gehört. «Ich fühle mich hier zu Hause und gehöre zu Euch bis zu meinem letzten Atemzug», sagte er in seiner Ansprache an die Eingeborenen an jenem Frühlingstag 1963, da er auf 50 Jahre des Wirkens im afrikanischen Urwald zurückblicken konnte. Wohl hat er heute die medizinische wie die chirurgische Arbeit im Spital an jüngere Kräfte abgegeben; er hat sich vom aktiven Arztsein zurückgezogen, er hat auch die sonntägliche Predigt seinen Mitarbeitern überlassen; er hat sein Tropenklavier heimgeschickt, damit es da sei, wo es sein soll, wenn er einmal nicht mehr da ist. Der

Strubbelkopf ist schlohweiß geworden unter dem antiquierten, doch treu beibehaltenen Tropenhelm, müde hängt der große Schnauz, knochig ist die feste, einst muskulöse Hand. Noch aber liegt die Leitung seines Spitaldorfes ganz in seinen Händen, noch steht er da, befehlend und Verantwortung tragend – ein aufrechter, weiser Mann. Und noch ist er von zwei Dingen ganz erfüllt: von der Sorge um die Ausbreitung seiner Ethik der Ehrfurcht vor dem Leben – und mit Bauen im Spital und in seinem Lepradorf... (mit welchem Kraftaufwand, mit welcher täglichen Anspannung trainierter Energie, das weiß nur er allein).

Ich muß noch bauen...
«Ich muß bauen, damit, wenn ich nicht mehr da bin, Platz sei für die Kranken, die ja immer zahlreicher kommen.» Und so ist es; trotz eines nahen Regierungsspitales, (dessen einziger Arzt seine komplizierteren Fälle über den Ogowe zu Albert Schweitzer schickt), und trotz allem, was jene «professionell Destruktiven» sagen und schreiben mögen, deren Urteil sich meistens in einer Zeitspanne von ein paar Stunden, zwischen zwei Flugzeugen, bildet. Waren es 1958 rund 3800, die als *neue* Patienten im Jahr behandelt wurden, so waren es 1963 deren 6500. An die 1000 Operationen jährlich sind in den letzten Jahren in diesem «unhygienischen, veralteten, rückständigen, unsauberen Hospital» ausgeführt worden, dessen Sterblichkeitsziffer in den Jahren

1961 und 1962 mit 1,29 bzw. 1,17 Prozent sich ruhig an die Seite derjenigen unserer großen, modernen Krankenhäuser stellen kann. Von den etwa 420 000 Einwohnern des Gabon gehörten gewiß ein Sechstel in einem halben Jahrhundert zu Schweitzers Patienten.

Und er baut, rastlos den ganzen Tag, fährt im Jeep, den er seit kurzer Zeit besitzt, bergauf und bergab, von den Steineklopfern zu den Orten, wo das Fundament einer neuen Case entsteht. Er baut, als wäre er nicht 90 Jahre alt, ein Stück Straße, eine Brücke... kümmert sich pedantisch um jede Einzelheit, überwacht jede Arbeit. Das so oft befehdete Konservative in der Organisation seines afrikanischen Spitaldorfes besteht letzten Endes darin, daß in allem nur das Einfachste und Zweckmäßigste vor ihm Gnade findet. Stolz ist er darauf, daß nun Angehörige des amerikanischen Friedenskorps nach den Regeln des Nichtarchitekten, die sie ihm abgeschaut, im Gabon Schulhäuser bauen.

«Des alten Mannes Denkmaschine,» (so lesen wir in einem kürzlich erschienenen Artikel von Harald Steffahn, der in diesem Jahr bei Schweitzer war,) «läuft rund siebzehn Stunden täglich. Sie stanzt Anweisungen, Kritik, Aphorismen, Scherze, Ratschläge, Rüffel, anekdotische Erinnerungen, Bibelauslegungen, politische Kommentare, Weisheiten, Dank. Viel Dank. Für Diskussionen auf dem Gebiet sachlicher Entscheidungen ist keine Vorrichtung da... Natürlich hat ein Spitalbetrieb Hunderte parallel laufender Arbeitsvorgänge, die innerhalb der jeweiligen Kompetenzen in eigener Verantwortung vollzogen werden von Ärzten, Pflegerinnen, Helfern. Aber wo Dr. Schweitzer sich die Entscheidungen vorbehält oder wo Vorgänge an ihn herangetragen werden, da gibt er seine Stimme entschieden und absolut.» Und ganz klar erscheint es dem Verfasser, daß nur eine Persönlichkeit dieses Formats das Werk aufbauen und es durch die Zeiten retten konnte. Nur ein einziger Mensch hat vom Gründungstag des Spitals im Jahre 1913 bis heute durchgehalten.

Dieser Mensch ist kein «Überbleibsel aus überwundener Epoche». Er war vom ersten Tag an der Bruder der Schwarzen – aber wohlverstanden ihr *älterer* Bruder, der ihnen in ihren Qualen des Leibes und den Ängsten der Seele helfen und sie durch ein Humanitätsdenken zu einer wirklichen Kultur führen wollte. Vom ersten Tage an, da Albert Schweitzer in Afrika war, hat er, allein auf sich gestellt, das geleistet, was wir heute mit dem großen Wort Entwicklungshilfe bezeichnen.

Lambarene – ein «Symbol meiner Gedanken»

Der Weg nach Lambarene, der 1913 von seinem bisherigen Leben weit fortzuführen schien, – weit vom Lehrer, Prediger, Gelehrten und Musiker – war Schweitzers eigentlichster Weg zu sich selbst. Als er nach Lambarene ging, schickte er sich an, drei schwere Opfer zu bringen: «die Orgelkunst aufzugeben, auf die akademische Lehrtätigkeit, an der mein Herz hing, zu verzichten, meine materielle Unabhängigkeit zu verlieren und für mein weiteres Leben auf die Hilfe von Freunden angewiesen zu sein». Es ging ihm aber wie Abraham, als er bereit war, seinen Sohn zu opfern: das Opfer wurde ihm erlassen. Auf seinem Tropenklavier mit Orgelpedal, war es ihm nicht nur möglich, sich seine Orgeltechnik zu erhalten, sondern in den vielen Jahren eine Vertiefung seiner Interpretation zu erreichen. Durch niemals stille Tropennächte, die erfüllt sind von den Stimmen der Tiere im Urwald, dem Lärm der Grillen und dem Schreien der Vögel, klangen in Lambarene aus dem Zimmer des Doktors Bachsche Fugen und Präludien. Seine Bücher, seine Vorträge und Konzerte bei seinen Europaaufenthalten sicherten ihm eine persönliche Unabhängigkeit; sein Werk aber wurde in der ganzen Welt von Menschen getragen, die sich irgendwie «vom Leid gezeichnet» fühlten. In Lambarene erlebte er die Ausweitung von der christlichen Bereitschaft des Dienstes am Nächsten zur Verwirklichung, aufgebaut auf der Ehrfurcht vor dem Leben.

Afrika gab Schweitzer die Idee der «Ehrfurcht vor dem Leben» als eine Gesinnung der Humanität. Er konnte sie nur dort finden, gesteht er selbst. Wenn also ein C. G. Jung einst fand, Männer wie Schweitzer wären in Europa nützlicher als in Afrika, so dürfte er wohl eines nicht gesehen haben: daß in der jahrzehntelangen Ferne Afrikas Schweitzer erst den Weg zu sich selbst gegangen ist. Sein Gedanke der Ehrfurcht vor dem Leben erscheint ihm als der geometrische Punkt, in dem die Lebensbejahung und die Forderung unseres Gewissens sich begegnen. Mit der leidenschaftlichen Lebensbejahung, die gewaltig aus unserer gemarterten Zeit bricht, ist es nicht getan. Wir stehen vor einer höchst entwickelten Zivilisation, die leer ist an ethischem Gehalt. In dieser Zeit geistigen Niedergangs geben die ethische Welt und Lebensbejahung, gibt die «Ehrfurcht vor dem Leben» seinem Weg Richtung und Halt. Durch Denken ist er zu ihr gelangt. Er ist überzeugt, «daß das Ethische nicht nur die höchste Wahrheit, sondern die höchste Zweckmäßigkeit ist», und daß in dieser Erkenntnis sich die Menschheit aus dem armseligen Wirklichkeitssinn befreien könnte, in dem sie sich dahinschleppt. «Die unmittelbarste Tatsache des Bewußtseins des Menschen lautet: Ich bin Leben, das leben will, inmitten von Leben, das leben will. Als Wille zum Leben inmitten von Willen zum Leben erfaßt sich der Mensch in jedem Augenblick, in dem er über sich selbst und über die Welt um ihn herum nachdenkt.» – «Zugleich erlebt der denkend gewordene Mensch die Nötigung, allem Willen zum Leben die gleiche Ehrfurcht vor dem Leben entgegenzubringen wie dem eigenen. Als gut gilt ihm: Leben erhalten, Leben fördern, entwickelbares Leben auf seinen höchsten Wert bringen; als böse: Leben vernichten, Leben schädigen, entwickelbares Leben niederhalten. Dies ist das denknotwendige, absolute Grundprinzip des

Sittlichen... Die Ethik der Ehrfurcht vor dem Leben begreift also alles in sich, was als Liebe, Hingebung, Mitleiden, Mitfreude und Mitstreben bezeichnet werden kann.» Der «wahrhaft ethische» Mensch fragt nicht, inwiefern dieses oder jenes Leben als wertvoll Anteilnahme verdiene. Das Leben als solches ist ihm heilig.

«Mußte Albert Schweitzer aus Ehrfurcht vor dem Leben nicht zu einer absoluten Ablehnung des Atombombenkrieges und der Versuchsexplosionen gelangen?» So fragte der Zürcher Pharmakologe Professor Dr. Hans Fischer in jener Rede, die er zu Schweitzers 85. Geburtstag in der Tonhalle hielt. «Nicht der Massenmord allein ist das Furchtbare, ja nicht einmal das Schlimmste, sondern die Keimschädigung und die daraus entstehenden schweren Folgen. Arzt und Ethiker und Christ empören sich gegen diese entsetzliche Art der Verwendung menschlichen Scharfsinns zu einer therapeutisch unbeeinflußbaren Schädigung kommender Generationen. In Wort und Schrift stellt sich Albert Schweitzer gegen die Versuchsexplosionen.»

Der deutsche Gelehrte Werner Picht, der eines der wertvollsten und maßgebendsten Bücher über Schweitzer geschrieben hat, beginnt sein Werk mit der Feststellung, daß wir es in Schweitzer «mit einer gewaltigen Erscheinung zu tun haben. Sein Auftreten ist ein Elementarereignis. Es verändert, wie jedes Erscheinen menschlicher Größe in unserer Mitte, das Bild unserer Welt». Die Berechtigung dieses Urteils wird er in seinem Buch beweisen – auf die Frage aber, wie es möglich ist, «daß eine derart eigenwillige und unbedingte Erscheinung ... nicht nur von den ‹Stillen im Lande›, sondern von den Stimmführern der Zeit bejaht und von den Mächtigen dieser Welt mit Ehren überhäuft wird» kommt er zum Schluß, daß es «offensichtlich nicht so sehr die sachliche Leistung als solche, so ungewöhnlich sie ist, welche die Bedeutung dieses Lebens ausmacht und ihm seinen Ereignischarakter gibt, als das Gewicht, das ihr die Persönlichkeit verleiht, die jeder ihrer Ausstrahlungen eine eigentümliche und nicht rational begründbare Eindruckskraft mitteilt. Ihre Erklärung liegt im Geheimnis der Größe beschlossen, die ihrerseits dem Werk des Theologen, des Ethikers, des Arztes, des Künstlers seinen unverwechselbaren Stempel aufprägt.»

Wie es aber in einer Zeit, in der das Mittelmaß regiert, um die Beziehung zu menschlicher Größe bestellt ist, zeigt Picht an jenem aufschlußreichen Zwischenfall, da die Stimme aus dem afrikanischen Urwald sich herausnahm, gegen die Atomwaffe Einspruch zu erheben und der große Mann die Spielregeln verletzte. «Solange er sich dabei beschied, in philosophischen Werken eine Ethik der Ehrfurcht vor dem Leben zu verkündigen und in persönlichem Tun Sühne für die Frevel der zivilisierten Welt zu leisten, stand einer unverbindlichen Bewunderung nichts im Wege. Was kann man sich besseres wünschen als diese Rechtfertigung einer mit ihren Idealen zerfallenen Kultur!... Nur bleibe der Idealist bei seinen Leisten und maße sich nicht an, den Verwaltern der Macht hereinzureden!» Für Picht steht darum Albert Schweitzer, der sich nach seinem eigenen Zeugnis mit dem Geist der Zeit «in vollständigem Widerspruch befindet» – «als ein Fremder in einer Welt, die ihm huldigt, aber es vermeidet, ihn allzu genau ins Auge zu fassen und so der Möglichkeit beraubt zu werden, sich sein Bild und seine Lehre nach Bedarf und Wunsch zurecht zu legen.»

Die Humanitätsgesinnung – ein Weg zum Frieden

Als Albert Schweitzer im Jahre 1951 den Friedenspreis des Deutschen Buchhandels von Bundespräsident Theodor Heuss und im November 1954 in Oslo den Nobel-Friedenspreis in Empfang nahm, sprach er über den Frieden. Das Wort «Frieden» als eine Erfüllung tiefster Sehnsucht, hatte für ihn sein ganzes Leben lang die große Faszination. Noch entsinne ich mich, was für ein besonderer Ton auf dem Wort «Frieden» lag, wenn er die Gemeinde mit dem Pauluswort entließ: «Und der Friede Gottes, welcher höher ist als alle Vernunft, bewahre Eure Herzen und Sinne in Christo Jesu.» Damals ahnte er wohl nicht, daß es der Friede auf Erden, der Friede der Welt sein würde, der ihn nicht nur für das kommende halbe Jahrhundert, sondern für sein ganzes Leben in Angst, Sorge, Bangen und Hoffnung halten würde.

Weg zum Frieden ist für Schweitzer die Humanitätsgesinnung, weil in ihr allein die Völker wieder vertrauenswürdig werden können. Übermenschen sind wir durch die Macht, die wir besitzen, indem wir über Naturkräfte gebieten, die wir niemals uns untertan wähnten. Aber durch diese Macht sind wir «miteinander ein Gegenstand der Furcht und der Angst eines vor dem andern geworden.» Die Humanitätsgesinnung ist das Einzige, was einem Volk dem andern gegenüber die Gewißheit geben kann, daß es seine Macht nicht zur Vernichtung gebrauchen wird. «Der Geist, der in der *Geschichte* waltet, ist nicht in den *Dingen* vorhanden – das war der große Irrtum Hegels – sondern er muß durch uns geschaffen und durch uns in der Geschichte wirksam werden», sagt Schweitzer.

Das Wort «Frieden» behielt seine Faszination – auch in Schweitzers neuntem Dezennium. So kommt es, daß Friedensschalmeien – von woher sie auch kommen mochten – diesem Ohr wohlgefällig sein mußten. Gehört nicht gerade hierher die Erklärung jenes Schweizer Journalisten, der 1963 in Lambarene war und «die Wahrheit über Lambarene» geschrieben hat? «... Dieser Mann wird niemals fähig sein, eine unlautere Absicht in seinem Gegenüber zu vermuten, weil ihm die eigene Lauterkeit dabei im Wege steht. Heimtücke übersteigt sein Vorstellungsvermögen.» Wenn Alfred Einstein von Mozarts «zweiter Naivität» spricht, so mag er damit etwas meinen, was, wie hier, reiner Lauterkeit des Herzens entspräche.

«Die Geschichte» – so urteilt der englische Publizist Normans Cousins – «übergeht willig Irrtümer, Paradoxe, persönliche Schwächen oder Fehler, wenn ein Mann nur genug von sich selbst hergibt. Im Falle Schweitzers werden spätere Generationen sich nicht die Köpfe zerbrechen mit nichtigen Betrachtungen über seine möglichen Fehler und Unzulänglichkeiten. Sie werden in seinem Leben und seinen Werken die Kraft zur ethischen Phantasie finden. Darauf kommt es an und auf nichts anderes. Denn Albert Schweitzer hat mehr getan, das Streben des moralischen Menschen zu dramatisieren, als irgend ein anderer in der zeitgenössischen westlichen Kultur.»

Was aber sagt der alte Mann in Lambarene heute: «Eine große, ruhige Musik umtönt mich innerlich. Ich darf erleben, daß die Ethik der Ehrfurcht vor dem Leben ihren Weg in der Welt zu machen beginnt – das hebt mich über alles hinaus, was man mir vorwerfen oder antun kann.»

*

In Onkel Berys letzten Lebensjahren war immer für eine längere oder auch kürzere Zeit seine Tochter Rhena Eckert-Schweitzer bei ihm in Afrika. Als Mutter erwachsener Kinder hat sie einen Laborantinnenkurs absolviert und ist mit ihrem Diplom nach Lambarene gefahren, um dort das Labor neu aufzubauen. Onkel Bery war glücklich über die Initiative, das Organisationstalent und das Verständnis, das seine Tochter für seine Arbeit zeigte – vor allem aber auch über das ausgezeichnete, aus Güte und intuitivem Erfassen ihrer Mentalität gewachsene Verhältnis, das sie von Anfang an zu den Schwarzen fand. Auch die drei Enkelinnen, Monique, Christiane, die junge Medizinstudentin, und Catherine kamen reihum immer wieder nach Lambarene, um im Spital zu arbeiten. Sie waren des Großvaters Freude.

Man weiß es: Onkel Berys Verhältnis zu den Schwarzen war ein paternalistisches. Er war des Schwarzen Bruder, – aber, wohlverstanden, der *ältere* Bruder. In den Problemen der Kolonisation, den Beziehungen zwischen dem Weißen und dem Schwarzen und der sich schon abzeichnenden Selbstbefreiung primitiver Stämme, haben Wirklichkeitssinn und gesunder Menschenverstand ihn geleitet. Seiner Ansicht nach muß man bei der Lösung des Eingeborenenproblems von Gegebenheiten ausgehen und nicht von abstrakten Ideen über Freiheit und Menschenrechte. Er war gewiß der Letzte, der hätte bestreiten wollen, daß die Kolonisation schwer an den Eingeborenen gesündigt hatte – schließlich war dies ja eines der Motive, aus denen er sich entschloß, als Arzt zu ihnen hinauszugehen, – aber die Fragwürdigkeit der von den Eingeborenen erstrebten Freiheit war ihm klar. «Wenn wir Weißen einmal aus den afrikanischen Ländern gejagt werden,» sagte er mir in Lambarene, «so wird das der Beginn von Krieg und Fehden unter den Stämmen sein, und sie werden sich aufreiben, wie dies früher geschah.»

Onkel Bery war der Überzeugung, daß die Schwarzen vor allem tüchtig werden müssen, pflichttreu, zuverlässig, verantwortungsbewußt und arbeitsam. Alles andere habe erst Sinn, wenn dieser Grund gelegt sei. Das aber geschieht durch sittliche Unterweisung und durch Handwerk. Er ist der Ansicht, daß der Schwarze sein Dorf und seine Sippe braucht, Agglomerationen familienloser eingeborener Arbeiter sind Stätten der Demoralisation. Klar sah er die Probleme, die durch das Emanzipationsbedürfnis der Schwarzen aufgeworfen werden, und war auch willens sie auf eine realistische Weise zu lösen, – die Konzeption seines Spitals aber war eine rein paternalistische. Die im 18ten Jahrhundert entwickelten Ideen von Freiheit und Menschenrechten waren ihm wohlvertraut, war doch die Aufklärung der Boden, in dem sein Denken wurzelte. Aber die Parole vom weißen Mann, der mit den Einheimischen in Afrika gleichberechtigt und auf einer Stufe leben soll, war da eine leere Phrase, wo es sich darum handelte, den

Eingeborenen die von ihnen benötigte Hilfe zu bringen, und wo die Art dieser Hilfe ein autoritäres Auftreten des Helfenden nicht nur legitimiert, sondern als eine Notwendigkeit voraussetzt. In diesem Sinne verhielt Onkel Bery sich als der «ältere Bruder zum jüngeren», aber gerade dieses Verhältnis glaubt die moderne junge Eingeborenengeneration nicht mehr akzeptieren zu können – und akzeptierte es nicht. «Go home, old man» hieß es damals in der Revue «Jeune Afrique», einer Zeitschrift der Jungen in den schon selbständig gewordenen afrikanischen Staaten. Es war nicht das einzige, was gegen den alten Mann geschrieben wurde – aber es focht ihn so wenig an wie das Unverständnis, dem er in seinem Kampfe gegen die Atomversuche begegnete. «Du weißt ja ... dans une peau d'hippopotame.» Und doch mögen, trotz der Nilpferdhaut dieses Unverständnis und die Kritik an seinem Verhalten in ihm den Wunsch erweckt haben, nicht mehr nach Europa zurückzukehren, nicht mehr Rede und Antwort stehen zu müssen für Gedanken und Überzeugungen, von denen er wußte, daß sie gut und richtig sind.

Im Herbst 1959 ist Onkel Bery zum letztenmal nach Europa gekommen, und am Jahrabend nahm er endgültig – und ich glaube, sehr bewußt – von der Heimat Abschied, Wir haben in jenem Herbst noch einmal auf dem Felsen gesessen. Die Jahre mögen mir die Erinnerung verzeichnen, aber mir ist, als habe damals alles wie unter einem Schleier von Wehmut gelegen, das herbstliche Tal, das Dorf, die Kartoffelkrauträuchlein auf den Äckern, die Kühe auf den Wiesen, der Geruch des welkenden Nußlaubs. Mein Herz war schwer – Onkel Bery war traurig.

*

Albert Schweitzer wollte in Lambarene sterben, und der Wunsch ist ihm erfüllt worden. Sanft und schön war sein Tod. Nach seinem 90. Geburtstag spürten seine Getreuen, wie die Kräfte abnahmen. Noch war der Bauplatz seine Qual und seine Wonne. An einem Samstagmorgen war er im Jeep auf seinem Bauplatz gewesen, am Nachmittag legte er sich zu Bett und ist nicht mehr aufgestanden. Als er einmal in einem Erregungszustand unbedingt zum Zimmer hinaus wollte, legte eine Pflegerin, die bei ihm weilte, ein Beethoven-Klavierkonzert, von Lilly Kraus gespielt, auf den Plattenspieler – er wurde ruhig. Am Donnerstag sah er plötzlich in die obere Ecke seines Moskitonetzes hinauf und sagte laut und wie in einem großen Glück: «Ist das nicht wunderbar?» Damit war die Seele entflohen.

Nach zwei Tagen, am 4. September 1965, hat auch das große Herz zu schlagen aufgehört. So hat Ali Silver, die ihn rührend gepflegt hat, mir Onkel Berys Ende geschildert. Was war es wohl, das Wunderbare, das er sah?

Als Onkel Bery in seinem Sarg aufgebahrt lag – er hatte ihn längst bereitgestellt – zugedeckt mit seinem alten Lodenmantel, den er auf allen seinen Reisen nach Afrika getragen hatte, den alten Filzhut zu seinen Füßen, da sind in nicht enden wollendem Zuge die Schwarzen, Patienten und ihre Angehörigen, die Heilgehilfen, die Zimmerleute, die Köche und Boys, alle, die zum Spital gehörten und zum Teil hier eine Heimat gefunden hatten, weinend und klagend an ihm vorübergezogen. Ihr Schmerz war erschütternd. Auch aus den umliegenden Dörfern waren sie gekommen, denn um sechs Uhr morgens hatte die Spitalglocke geläutet, und da wußte ein jeder, was sie zu sagen hatte.

Der Grand-Docteur ist begraben worden wie jeder, der im Spital starb, begraben wurde. Der Schweizer Chefarzt, Dr. Munz, sprach den 90. Psalm, den der Doktor so oft am Grabe eines Schwarzen gelesen hatte. Dann wurden alle Strophen seines Lieblingsliedes «Ach bleib mit Deiner Gnade bei uns, Herr Jesu Christ...» gesungen. Es sangen die Eingeborenen in ihrer Sprache und dann die Kranken aus dem Lepradorf. Der persönliche Vertreter des gabonesischen Präsidenten Léon MBa hielt die Trauerrede. Es war Albert-Bernard Bongo, der jetzige Präsident. Nach ihm sprach der Botschafter Frankreichs im Gabon. Dann schloß Dr. Munz die Trauerfeier mit einem Gebet, und sie legten Onkel Bery in das Grab neben der Dattelpalme, die er einst selbst aus einem Kern gezogen hatte. Dattelpalmen wachsen in Lambarene nicht, sie brauchen Salzluft. Damals, als er mir sie zeigte, hat er gesagt: «Bei ihr will ich liegen, sie ist ein Fremdling in diesem Land, wie ich auch.»

Sein Haus war bestellt. Dr. Munz, lange schon als Nachfolger bestimmt, übernahm die ärztliche Leitung des Spitals, dessen organisatorische Leitung aber hatte in den letzten Tagen der Vater auf die Schultern seiner Tochter gelegt.

*

Nach Onkel Berys Tod erschienen fast jeden Sonntag Gruppen von Schwarzen, manchmal kamen sie von weit her, um an seinem Grab zu singen und Gaben zu opfern und auf dem Platz unter den Brotfruchtbäumen bis in die Nacht hinein nach den Rhythmen des Tam-Tam zu Ehren des Toten zu tanzen. Das Ende der Klagetänze war aber allemal ein Freudentanz, Freude darüber, daß der gute Doktor in afrikanischer Erde ruht und seine Seele im Himmel ist.

Schweitzers Enkelin Christiane, die bald nach seinem Tode nach Lambarene flog, um ihrer Mutter beizustehen, hörte bei einem solchen Tanz ein altes Negerweib zum andern sagen: «Tu sais, il y a maintenant deux vieillards dans le ciel, le Bon-Dieu et le Grand-Docteur». (Weißt Du, im Himmel sitzen jetzt zwei alte Männer, der Liebe Gott und der Doktor.)

Das Idyll von Lambarene, das die Besucher so gerne im Bild festhielten: der Greis, der seinen Hühnern Reiskörner streut und seine Antilopen füttert, – war das ein gültiges Bild von Onkel Berys Leben?

Nein, ganz anders hat bis zu seinem Ende sein Leben ausgesehen! Nichts ist ihm in diesem halben Jahrhundert, das er zwischen Wasser und Urwald verbracht hat, erspart geblieben. Er hat den uferlosen Kampf gegen Schmerz und Tod gekämpft, und die Wirklichkeit des afrikanischen Lebens hat ihm oft genug ihr grausames Antlitz gezeigt. Und dies bis in die letzten Wochen seines Daseins, da eine Tollwutepidemie in Lambarene ausbrach und er seine geliebten Tiere, die Hunde, die Katzen und einige Affen, töten lassen mußte, um die Ausdehnung der Seuche zu verhindern. Ein paar Tage lang hat er versucht, seinen kleinen Hund Tschü-Tschü zu retten, der in seinem Zimmer schlief. Dann hat er sich dem Beschluß der Ärzte gebeugt.

Wenige Tage nach seinem Tode hat der Präsident der gabonesischen Republik, Léon Mba, Rhena Eckert-Schweitzer und Dr. Munz empfangen und sie nicht nur seiner größten Hochachtung für den Urwalddoktor versichert, sondern auch seiner bestmöglichen Hilfe in jedem Falle, in dem sie diese Hilfe benötigen oder wünschen sollten. So antwortete das vernünftige junge Afrika auf Schweitzers Hingabe während 50 Jahren.

*

Wieso, fragt man sich oft, waren es so viele Menschen in der Welt, – Menschen aller Nationen, Konfessionen, Bildungsstufen und Lebenskreise, die

Schweitzer verehrten? Wieso kamen diese Berge von Briefen – auch von ganz Unbekannten – zu seinem 90. Geburtstag, wieso diese Flut von Telegrammen nach seinem Tode in Lambarene, von denen eines der besonders herzlichen das der Königin Elisabeth von England war? Grund dieser großen und zweifellos echten Verehrung – (die es wohl oft beim Verehren bewenden ließ, ohne sich mit Schweitzers Gedankenwelt auseinander zu setzen) – war aber nicht allein die Vielseitigkeit von praktischer Handwerksarbeit bis zur Organisation von Gemeinschaften, von der Denkarbeit am einzelnen Problem bis zur Aufstellung einer besonderen Ethik, war auch nicht allein das Spital von Lambarene, dieser lebendigste, gültigste Ausdruck seiner Gesinnung, war vielleicht nicht einmal die Gesamtheit seiner Tätigkeit, um die man wissen muß, um ihn zu würdigen – über all diesem war es die Macht, die Ausstrahlung seiner Persönlichkeit.

In jener Adventszeit nach Onkel Berys Tod habe ich etwas Schönes erlebt. In Arn am Horgener Berg, einer kleinen Gemeinde am Zürichsee, lebt eine begnadete Lehrerin, die seit vielen Jahren die Unterstufe, die ersten drei Primarklassen zusammen unterrichtet. Sie schreibt jedes Jahr ein Weihnachtsspiel für ihre Kinder, zu dessen Aufführung das ganze Dorf kommt. Diesmal war es ein Spiel über Albert Schweitzer. Aus den Erlebnissen seiner Jugend heraus hat sie den Mann gestaltet und ihren Kindern nahegebracht, und was sie aus ihren 30 Schülern herausholt, die in einem in verschiedene Gruppen eingeteilten Chor, dazwischen mit Einzelstimmen oder im Dialog das Leben des Buben Albert in seiner Kinderzeit spielten, das war herzerfreuend. Aber die Gedanken Schweitzers über die Ehrfurcht vor dem Leben in seinen eigenen Worten durch diesen Kinderchor zu hören, hat die Hörer zutiefst ergriffen. «Für Albert Schweitzer», so tönte es unisono, «gibt es keinen Unterschied zwischen Schwarz und Weiß, zwischen reformiert und katholisch, zwischen Schweizern und Italiani – er gehört allen ...»

*

Er gehörte uns allen. Als an jenem Sonntag nach seinem Tode in der Dorfkirche von Günsbach ein Gedächtnisgottesdienst gefeiert wurde, zu dem das ganze Dorf und viele Menschen von auswärts gekommen waren, da hat neben den protestantischen Pfarrern, die deutsch und französisch sprachen und neben dem Arzt, einem der ersten Helfer in Lambarene, der elsässisch zu der Gemeinde redete, auch der katholische Curé das Wort ergriffen. Er stand – mir war es wie ein Symbol – unter dem vergoldeten hölzernen Gitter, durch das hindurch Albert Schweitzer als Kind die Heiligen in ihrer Herrlichkeit bestaunt und das ich noch nie geöffnet gesehen hatte. An jenem Septembersonntag stand es offen. Es war *eine* Gemeinde, die ihres verstorbenen Sohnes gedachte.

Die Orgel erklang; nicht jene, auf der schon der neunjährige Knabe den Vater Iltis, den Lehrer und Organisten, im Gottesdienst vertreten hatte, sondern die neue, die nach Schweitzers Plänen umgebaut worden und auf deren Klang er stolz war.

Als wir damals aus der Kirchentüre traten, da war größer als alle Trauer mein Dank dafür, daß ich Dich, Onkel Bery, in meinem Leben gehabt habe. Du gabst mir viel, was hab' ich Dir gegeben?

Nirgends wird je die Erinnerung an Dich lebendiger sein als hier in unserem Dorf, als in Deinem Haus im Schönenbach, das heute Albert Schweitzer-Archiv geworden ist und wo berufene und liebe Hände Deinen Nachlaß ordnen und hüten, – als unter den Nußbäumen, auf den Rebenmäuerchen, bei den reifen Maulbeeren, auf dem Sträßchen, wo Du es Dir nie nehmen ließest, in der «Kütsch», dem alten Kinderwagen aus Weidengeflecht, das Gepäck Deines Gastes eigenhändig zum Bahnhof zu stoßen, ein letztes «Hommage» an den Scheidenden.

Ich bin an jenem Septembersonntag noch hinaufgestiegen auf unsern Kanzrain – allein. Und als ich auf das Dorf in seiner Mulde hinabsah, unter dessen größtem und mütterlichsten Giebel das alte Pfarrhaus liegt, da ist mir das Wort in den Sinn gekommen, das Du einmal – lang ist es her – mir hier mitgegeben hast. «Schau, es wäre so viel mehr Wärme in der Welt, wenn wir es alle wagen würden, uns so herzlich zu geben, wie wir sind ... Wag' es Du», hast Du damals gesagt.

ÜBERSETZUNGEN
der französischen Briefe im Text

Zu Seite 77

Paris, 20 rue de la Sorbonne
am Freitag vor Weihnachten 1898

Meine liebste Suzi!!!
Nun sei ganz ruhig und mach' keine Grimassen – Du stehst vor mir, angelehnt an ein Buch von Kant. Gewöhnlich stehst Du auf dem Kamin, weil Du auf meinem Tisch mich zu sehr ablenken würdest. Ich habe Dir einen Kuß gegeben und Dich auf den Tisch vor mich hingestellt. Als einzige Photographie bist Du in meinem Zimmer. Seltsam – ich schaue Dich an und mir scheint, es ändere sich der Ausdruck Deines Gesichtes auf der Photographie, – sie sagen, sie sei nicht gelungen: das ist falsch, Du bist es, Du und die Puppe, die Du an einem Bein packst, wie der Metzger ein Schweinchen am Seil führt. Ich habe ein wenig geträumt im Gedanken an Dich. Weißt Du noch, wie es war, als Du zum Einschlafen nicht allein bleiben wolltest, als man Deine Hand halten mußte? Du weintest – ich öffnete die Tür: «pa'ain, pa'ain...» Diesem zärtlichen Vertrauen konnte ich nicht widerstehen – ich setzte mich neben Dich, Du nahmst meine Hand und warst ruhig und still. Es war dunkel im Zimmer, und leise sprach ich mit Dir – ich erzählte Dir Dinge, die Du nicht verstehen konntest. Manchmal fuhr ich mit der Hand über Deine Stirn, wie meine Mutter tut, wenn sie mich lieb hat, ganz leise sagte ich «Suzi», ich glaubte, Du seiest eingeschlafen, – aber nein – ich wollte aufstehen: «Pa'ain, pa'ain». Ich versuchte, mich auf allen Vieren davon zu schleichen: «pa'ain, pa'ain!!» – ach mir ist, als höre ich es noch, dieses Wort! Erinnerst Du Dich daran, daß ich Dich in meinen Armen von Weier-im-Tal heimtrug, während Du schliefst? Im Augenblick, da wir ins Dorf einbogen, bist Du erwacht. Überall schleichst Du Dich

ein: Ich sehe Dein Gesicht zwischen den Zeilen Kant'scher Schriften... Und nun ist es Weihnacht. Papa hat mir geschrieben, daß er im Wald, während es schneite, einen Baum für das Christkind ausgesucht hat. Am Sonntag werden sie alle kommen und Du wirst Deinen Christbaum haben. O Suzi, Suzi! Letztes Jahr trug ich Dich auf meinen Armen! Du hattest ein schönes langes Kleidchen an, Du konntest noch nicht «pa'ain» sagen, aber ich liebte Dich doch. Weißt Du es, wirst Du es je wissen, was Du mir bist, was für einen Platz Du in meinem Herzen hast? Und am Sonntag werde ich nicht bei Dir sein! Du glaubst, Du wirst mir nicht fehlen, weil ich Dir nicht fehlen werde? Du wirst die neue Puppe oder ein dickes Schaf umarmen und weißt nicht, wie gerne ich an der Stelle dieser Scheusäler wäre! – Und dann wird Papapa sagen: «Trinken wir auf Sepps Gesundheit!» Mamama von Günsbach und Deine Mutter werden sich die Augen wischen – weißt Du, sie haben mich sehr lieb. Komm Suzi, trink' auf die Gesundheit von pa'ain, der in Pa'is ist. Du blickst auf: warum stört man Dich? Du hast anderes zu tun, mußt die neue Puppe betrachten, ein neues Spielzeug zerbrechen – was will man denn von mir, wirst Du denken? Warum machen sie nur alle so sonderbare Gesichter? Pa'ain – ja, ich erinnere mich, ich habe ihm einen großen Batzen geschenkt, als er von Colmar abgereist ist, ich hatte mein blaues Mäntele an und Tante Agig hielt mich bei der Hand, und so sonderbar sah er mich an. Ich möchte doch wissen, ob er den Batzen noch hat? Vielleicht hat er Tabak damit gekauft, und Mamama hat es gar nicht gerne, wenn er so viel Pfeife raucht, er riecht dann nach Rauch... Und Du wirst nicht einmal weinen, weil pa'ain nicht bei Dir ist. – – Du hast recht, sei fröhlich an Weihnachten, solange Du es kannst, später werden viel traurige Weihnachten kommen. – Meine erste traurige Weihnacht war, als ich ein schlechtes Zeugnis heimbrachte, Mamama weinte, und ich konnte sie nicht weinen sehen, ich habe ihren Kopf zwischen meine Hände genommen und sie geküßt mit dem Versprechen, zu arbeiten; damals habe ich erkannt, daß ich sie mehr liebte, als ich ihr je würde zeigen können. Mein Versprechen habe ich gehalten. (....)

Wenn Du groß bist, wirst Du diesen Brief wieder lesen...
was werde ich dann sein? Vielleicht wird man Dir sagen,
daß ich hart, grausam bin, daß ich kein Herz habe. Du aber
weißt dann, daß ich ein Herz habe – fast zuviel: wenn man
von ganzem Herzen liebt, ist man unglücklich. – Und nun,
da ich Dein Bild anschaue, muß ich lachen: weißt Du, was
sie sagen werden? Pa'ain schreibt seiner Suzi, aber Suzi
kann nicht lesen! Stell' Dir vor: sie glauben, daß Suzi pa'ains
Brief nicht lesen kann? Wie falsch das ist! Du wirst ihn
besser verstehen als die andern; «ein trauriger Brief» werden
sie sagen – und Du wirst lachen. Pa'ain hat mir einen Brief
geschrieben, er hat mir viel erzählt, die andern glauben, er
sei traurig, weil sie den Brief nicht verstehen. Ich will ihn
Puppa vorlesen: «Hör' zu, Puppa, pa'ain Pa'is, pa'ain Brief
für Suzi, pa'ain hat Suzi lieb. Nicht weinen, Mamama,
pa'ain kommt wieder.» – Seltsam ist das, man meint, man
müsse lesen können, um einen Brief zu verstehen, – nein,
man muß einfach pa'ain lieb haben, um ihn zu entziffern.

Zu Seite 80

Berlin, Juni 1899
eines Donnerstag abends.

Meine liebe Suzi,
(....) Wir zwei, Du und ich, stehen uns so ganz nahe,
daß ich mich nicht erst bei Dir entschuldigen muß, weil
ich so lange säumte, Dir zu schreiben. Du hast von den
andern Nachrichten über mich bekommen, aber ehrlich: mein
Gewissen macht mir Vorwürfe, weil ich Dich so lange vernachläßigt habe. (.....) Durch Mamama's Brief habe ich
erfahren, daß Erdbeeren aus Colmar eine Beschleunigung
Deiner Verdauung zur Folge hatte; das sind Dinge, die oft
in dieser Welt geschehen. Die entsetzliche Folge wird sein,
daß die andern Dir jetzt alles wegfressen – und mir tut
nur eines leid, daß ich ihnen dabei nicht helfen kann.
Denkst Du manchmal an mich? Deine Absicht, mit Deinem
Körbchen zu mir reisen zu wollen, hat mich tief gerührt.

Für den Fall, daß dieser Plan Dir gelingen sollte, will ich Dir das Haus und seine Bewohner beschreiben, damit Du weißt, wo Du mich finden kannst und die Gesellschaft kennst. Die Kochstraße ist gepflastert und hat zwei Tram-Geleise. Man geht durch ein riesiges Tor, um zu mir zu kommen: links ist ein Ofenladen, rechts eine Buchhandlung. Beim Eintreten muß man aufpassen, nicht auf die Füße des Portiers zu treten, der auf einem Stuhl sitzt und seine Pfeife raucht; der Tage gedenkend, da Wonnen dieser Art mir noch nicht verboten waren, verlangsame ich meinen Schritt, um eine Nase voll davon mitzunehmen. Wenn Du den Hof betrittst, hast Du das Hinterhaus vor Dir; im dritten Stock ist das vierte Fenster rechts das meine. Die Vorstellungen können gleich im Hof vor sich gehen, denn schon sehe ich meinen Freund Hänschen, der herbeispringt, um mir seine Hand zu geben, die mich oft durch ihre verdächtigen Schatten an die Deine erinnert. Hänschen Müller ist drei Jahre alt und trägt eine Wachstuchschürze, damit er sich nicht naß mache im Hof, wo nach Regentagen das Wasser einen kleinen Teich bildet, der meinen Freund Hänschen unweigerlich anzieht, bis er patschnaß ist und die Mutter kommt, ihn auf den Weg der Pflicht zurückzuführen – das sind betrübliche Situationen. Es wäre aber falsch, daraus auf seinen Charakter schließen zu wollen, das sind Mißgeschicke, die jedem geschehen, und mich dünkt, die Stunde sei nicht fern, da Tante Agig wie ein Adler aus der Küche in den Hof stürzen wird, um Suzi fortzuholen, die auf ihre Art Wäsche macht. Ich will kein Prophet sein, viel lieber bin ich Dein Verteidiger. Aber kehren wir zu Hänschen zurück. Er ist sehr wohlerzogen, besser als Du (das bleibe unter uns!) Er gebraucht nie häßliche Wörter, spielt immer mit den kleinen Mädchen; er flieht der Brüder wilde Reihn, weil die andern die Lausbübereien machen und er die Prügel kriegt, denn mit seinem Vater ist nicht zu spaßen. Neulich haben die andern einer Dame, die die Treppe hinaufstieg, «alte Schachtel» nachgerufen, der Vater hörte es am Fenster und das Hänschen wurde gewichst; nachher aber kam die Dame um zu sagen, daß er unschuldig sei. Ich erinnerte mich wie manches Mal der Vater mein Hinterteil bearbeitete, obwohl ich unschuldig war. Die Fälle waren selten, aber die Erinnerung daran ist erhebend. Hänschens Ideal ist so süß wie prosaisch: Kaffee und Kuchen. Ich weiß das, weil sonntagabends er mich fragt: «Herr Schweitzer, hast Du auch Kaffee und Kuchen gehabt?» Da ich gewöhnlich «nein» sage, hält er mich für recht unglücklich. Wenn Hänschen wohlerzogen ist, so verdankt er das zum großen Teil seinen Schwestern, die ein paar Jahre älter sind: es sind Musterkinder, schon wenn sie mich von weitem sehen, machen sie ihre Knixe. Ich danke feierlich, indem ich den Hut ziehe, was sie belustigt, weil sie sich als junge Damen behandelt fühlen. Wenn ich die Treppe emporsteige, lassen sie mir den Vortritt: Musterkinder, sage ich Dir, ich fürchte, Du wirst diesen Grad von Vervollkommnung nie erreichen, zumal ich höre, daß Du für das Französische Dich widerspenstig zeigst. Wenn dieses schöne rosa Papier sich dazu eignete, würde ich Dir eine ernsthafte Strafpredigt halten. Unwürdig ist das: eine junge Elsässerin, die nicht Französisch kann! Bessere Dich, ich möchte keine Klagen in dieser Beziehung mehr hören. Nun überbinde ich Dir noch ein paar Aufträge: Umarme Mamama von mir und sage ihr, daß ihr Brief mich den ganzen Abend bezaubert hat. Hilf Papapa, wenn er den Wein verkorkt, um ihn mir zu schicken. (....) Gib Turc meine freundschaftlichen Grüße, erzähle ihm auf Euern Spaziergängen ein wenig, wie es mir geht, es interessiert ihn. Möge dieses rosige Papier Dir meine Gefühle für Dich besser ausdrücken als das, was darauf geschrieben steht ... ich habe einen Kuß für Dich darauf gedrückt.

                          Dein alter pa'ain   Albert

Zu Seite 84

                      Lambarene, Sonntag, den 18. Mai 1913

Was für eine Freude hast Du mir gemacht mit Deinem Bericht! Wenn Du wüßtest, wie gut das ist, in Gedanken alles, was geschehen ist, mitzuerleben. Mir war, als ich Deinen

Brief las, als ginge ich auf den Kanzrain. Geh' oft hin an meiner Stelle – ich habe Heimweh danach!

Ich kann Dir keinen langen Brief schreiben, weil wir noch mit unserer Einrichtung beschäftigt sind. Und dabei kommen 30 Kranke im Tag! Und alle Medikamente müssen selbst zubereitet werden! – Vergiß nicht, am Johannistag auf den Kanzrain zu gehen.

Jetzt kommt das Gewitter. Jeden Tag ein Gewitter – das ist sehr ermüdend. Und jedesmal hat man das Gefühl, daß das Dach aus Palmblättern fortfliegen wird.

Vergiß nicht, jeden Sonntag zur Kirche zu gehen!

Ich küsse Dich   Der Deine   Albert

Zu Seite 111

Palmsonntag 1940

Ich war den ganzen Morgen in Gedanken mit Euch. Ich saß am Fluß, auf der Treppe zum Anlegefloß. Man hörte das leise Geplätscher der Wellen, die Glocken der katholischen Missionsstation, und ich dachte an meine eigene Konfirmation. Dann kam man, mich ins Spital zu holen. Leise bewegte der Wind die Zweige unserer schönen Palmen... Es wurde Mittag. Ich stellte mir vor, wie Ihr jetzt aus der Kirche heimkommt, wie ein Glas Malaga angeboten wird ... und ich hätte mich mit Euch zu Tisch setzen mögen anstatt die Tafel des Spitals zu präsidieren.

Zu Seite 111

... Du kannst Dir nicht vorstellen, wieviel Kraft ich aufwenden muß, um die Bude und die Menschen in Gang zu halten in diesen wirren Zeiten... Ich muß an alles denken, alles voraussehen, alles überwachen, das oft lächerliche Gejammer derjenigen anhören, die nicht begreifen wollen, daß wir in Kriegszeiten leben, ich muß ruhig und freundlich lächelnd denen begegnen, die die Nerven verlieren, ständig den Kopf hoch halten, munter und aufgeräumt sein ... und noch Stunden der Stille finden, um an meiner Philosophie zu arbeiten. Aber mir gab die Natur gute Nerven, und so schaffe ich es. Wie lange noch werde ich diesen Energieaufwand leisten müssen? Wann werde ich in Günsbach ausruhen dürfen? Ich sehne mich danach, mir einmal ein Ausruhen gönnen zu dürfen, mir zu gehören, für mich zu leben. Jeden Tag heißt es: an einem Tisch von 20 Personen essen, den Lärm der Unterhaltung ertragen, reden, die Leute aufmuntern, wenn sie mürrisch sind... Wenn ich aber dann die armen Kranken sehe, die geheilt von uns gehen, bin ich mit meinem Schicksal wieder versöhnt.

Zu Seite 113

Lambarene, 4. 8. 40

Macht Euch keine Sorgen, wir haben hier genug zum Leben. Die Arbeit an meiner Philosophie erleidet keinen Unterbruch. Die Nachmittage muß ich im Garten verbringen, denn der ist jetzt sehr wichtig. Wir machen Maismehl. Glücklicherweise haben wir eine kleine Mühle, die auch den Nachbarn zugutekommt. Die Seife machen wir selbst und tauschen sie gegen Dinge, die wir nötig haben. Selbstverständlich geht unsere ganze Arbeit weiter. Ich hoffe, daß diese Nachrichten Euch erreichen werden. Aber wann werden wir uns wiedersehn? Und wie werden wir uns wiedersehn? Was mich betrifft, so denke ich, – soweit ich das von hier aus beurteilen kann – daß ich im Dorf von Schneider Schorsch werde leben müssen. Aber vielleicht werden wir doch noch einmal zusammen sein – und ein wenig glücklich. Wie schön wäre das.....

Zu Seite 93

Brief des Bürgermeisters von
St. Rémy-de-Provence

Lieber, berühmter Meister... in Treue der Tage gedenkend, die Sie in allzu schwerer Zeit in St. Paul-de-Mausole verbracht haben, der Hilfe, die Sie uns angedeihen ließen, des großen Beispiels, das Sie hier gegeben haben – denn Ihr Name wird heute noch von denen, – und viele sind ihrer – die Ihnen begegnet sind und Sie gekannt haben, in Verehrung ausgesprochen – und eingedenk dessen, was Sie heute für die ganze Welt bedeuten, möchten wir, wenn auch spät so doch mit aufrichtigstem Herzen Ihnen unsere unendliche Dankbarkeit und unsere große Bewunderung ausdrücken. Wollen Sie uns die sehr große Freude machen, den allzu bescheidenen Titel eines Ehrenbürgers der Stadt St. Rémy-de-Provence anzunehmen, den ich hiermit Ihnen anzubieten mir erlaube?....

FOLGE DER BILDER

		neben Seite
1	Kohlezeichnung AS	3
2	Altes Familienbild	32
3	Porträt Pfarrer Louis Schweitzer	33
4	AS auf seinem Kanzrain	48
5	AS auf dem Schiff	49
6	AS mit seinen Antilopen	160
7	AS mit seiner Nichte	161
8	AS mit dem alten großen Hut	176
9	AS am Fenster seines Arbeitszimmers in Günsbach	177

ZU DEN AUFNAHMEN:

Das alte Familienbild und die Aufnahme von Pfarrer Louis Schweitzer sind Familienbesitz.

Das Bild neben Seite 176 (Nr. 8) wurde von Herrn Jean Eckert, Uetikon a/See, vor Schweitzers Haus in Günsbach aufgenommen und freundlich zur Verfügung gestellt.

Die fünf übrigen Bilder, neben den Seiten 48, 49, 160, 161, 177 hat uns in liebenswürdiger Weise Mrs. Erika Anderson, Great-Barrington, Massachusetts, USA, überlassen. Mrs. Anderson, eine große Freundin Albert Schweitzers, hat während einer Reihe von Jahren sein Leben und Wirken in schönsten Aufnahmen festgehalten, die – mit einem Text von Schweitzer selbst – als «The Schweitzer-Album» bei Harper & Row, New-York, und Adam & Charles Black in London erschienen sind. Das von ihr gegründete und geführte «Albert Schweitzer Friendship-House» in Great-Barrington setzt sich zum Ziele, einem weiten Kreis von Menschen durch ihre in Lambarene aufgenommenen Filme und Schweitzers Bücher dessen Werk und Gedanken nahe zu bringen. In den vier Jahren seit seiner Eröffnung hat es 25 000 Besucher empfangen.

Im gleichen Verlag sind erschienen

PREMYSL PITTER

UNTER DEM RAD DER GESCHICHTE

Ein Leben mit den Geringsten
180 Seiten mit 8 Bildtafeln. Kartoniert Fr. 11.80

GEISTIGE REVOLUTION
IM HERZEN EUROPAS

Quellen der tschechischen Erneuerung
135 Seiten mit 8 Bildtafeln. Kartoniert Fr. 9.80

Zu beiden Büchern ein Hinweis aus dem Artikel «Ein Menschenfreund aus Prag» in der «Neuen Zürcher Zeitung»:
«Unter dem Rad der Geschichte»: «Pitter erzählt darin die reichen Erfahrungen seines bewegten Lebens unter den Geringsten und gibt wegweisende Aufschlüsse uns allen, die wir den Aufbau einer besseren Weltordnung nicht von starren und rücksichtslosen Theorien und Systemen erwarten, sondern von der Erziehung zu verständnisvollem Mitgefühl für alle Leidenden und Benachteiligten.»
«Geistige Revolution im Herzen Europas»: «Kein anderer war eher berufen, die geistigen Quellen des ‹Prager Frühlings› zu ergründen und zu schildern als er, der die humanitären Ideale der Böhmischen Brüder, der Comenius und Masaryk im eigenen Leben verwirklicht hat.»

FRITZ WARTENWEILER

MARTIN LUTHER KING

Gleiches Recht für Schwarz und Weiß
4., erweiterte Auflage. Mit 4 Fotos. Kartoniert Fr. 4.–

«Die Beschreibung des Lebens und Kampfes Martin Luther Kings ist gleichzeitig eine gute Übersicht über die heutige Situation des farbigen Menschen.» *(Aargauer Tagblatt)*

MAX HUBER

Spannungen und Wandlungen in Werden und Wirken
445 Seiten. 8 Fotos. Leinen Fr. 19.10

«Eine Fülle von zentralen und wichtigen Dingen, die er aus der lebendigen Quelle selbst schöpfen durfte. Es ist von unschätzbarem Wert für unsere Geschichte, daß hier so vieles aus dem unmittelbaren Gespräch festgehalten und zusammengefaßt wird.» *(Prof. L. von Muralt in «Neue Zürcher Zeitung»)*